미래 인류를 위한 濟世活人의

천부경과
나의
미래 엿보기

道 廣 역해

도서출판 해조음

"천부경이란

우주가 탄생,

소멸하는 운행원리와 탈겁피난(脫劫避難)의 길,

그리고

사람이 성인(聖人), 명인(明人=眞人), 부처(覺者=佛),

신선(神仙)이 될 수 있다는 내용을

숫자와 문자로 나타낸 하늘의 말씀이며,

미래 인류를 구원하는

고대 우리 한민족 경전이다."

"천부경을 통달하면 모든 종교를 관통하는 것이다."

머 리 말

우연한 기회에 필자는 천부경을 읽은 경험이 있다. 그 첫 느낌이 강렬한 것은 아니었지만, 천부경 속에는 후세사람들에게 무언가 말하고자 하는 메시지가 담겨있다는 것을 느꼈다.

그 뒤로도 종종 서점을 들를 때마다 천부경에 대한 새로운 해설서를 보곤했다. 그럴 때마다 무언가가 부족하다는 느낌이 마음속에서 우러나오는 것을 발견하곤 했다.

그러다가 누군가의 부탁으로 천부경을 번역하게 되었는데, 우여곡절 끝에 이 해설서를 완성하게 되었다.

천부경은 천지자연의 운행원리와 사람이 성인(聖人), 명인(明人=眞人), 부처(覺者=佛), 신선(神仙)이 될 수 있다는 내용을 숫자와 문자로 나타낸 하늘의 말씀이며, 인류를 구원하는 고대 우리 한민족 경전으로서, 이 천부경의 이치를 제대로 통달한다면 모든 종교를 한눈에 관통할 수 있다는 사실을 믿어 의심치 않는다.

천학비재(淺學非才)한 몸으로 이 천부경을 해설하였으니, 부족한 부분이 많을 것이지만 천부경에 나타난 하늘의 뜻을 조금 더 정확하게 밝혀보려는 역자의 고심을 역력히 드러낸 결과물이니만큼 앞으로 높은 경지의 선지식으로부터 많은 지도편달을 두터이 바라는 바이다.

정말이지 나는,

"앞으로 내게 일어날 일을 미리 알 수는 없을까?"

라고 하는 인생의 커다란 화두를 놓고 수천 년에 걸쳐서 수많은 사람이 다양하고 독특한 방법으로 연구한 결과 수많은 비법과 비결서가 쏟아져 나왔고, 그중에서 나름대로 그 정확성이 검증된 것들이 오늘날까지 전해지고 있다. 이와 같은 비결예언서 중에서 단연 으뜸인 것은 주역이라고 말하는데 이의를 달 사람은 별로 없을 것이다. 그렇지만 생활전선에서 바쁘게 활동하는 대부분의 현대인들에게는 주역에 관한 내용이 너무나도 멀게 느껴질 뿐만 아니라, 실제로 자기생활에 어떤 도움을 줄 수 있는지 알기도 어렵다.

그래서 필자는 천부경 다음으로 이 책에 실은 〈나의 미래 엿보기〉를 통해, 주역이 현대를 살아가는 사람들의 실생활에 유용한 삶의 지침서가 될 수 있다는 확신을 심어주고, 나아가서 자신의 인생을 보다 풍요롭고 보람되도록 설계할 수 있게 하는 데 큰 도움이 되는 것임을 독자 여러분들 스스로 새로이 깨닫게 되는 계기가 되었으면 하는 바람이다.

우리의 운명은 주어진 대로 받아들이되 미리 결정되어 절대로 변화시킬 수 없는 것이 아니라, 오늘 지금 바로 이 순간 우리가 행하는 생각과 말과 행동에 의해 변화되고 개척되는 것이다.

만일 여러분이 현재 하고 있는 일이 성공할 수 없다고 생각한다면, 그 생각이 원인이 되어 미래에 자신이 하는 일의 결과는 실패로 끝날 것이다. 오로지 자신의 팔자타령을 하고 정해진 숙명타령을 하면서 부정적인 생각에 사로잡힌다면 여러분은 평생 불행한 삶을 살게 될 것이다.

그러면 어떻게 살아야 하는가!
늘 적극적인 사고방식을 가져야 한다. "구하라! 그러면 얻으리라. 두드려라! 그러면 열리리라" 는 성경 구절처럼 오로지 구하는 자는 얻고 찾는 자는 발견하고 두드리는 자에게는 열리게 되므로 스스로 노력하지 않는 사람에게는 아무것도 오지 않으며 노력하는 자만이 얻는 것이다.

이 〈천부경과 나의 미래 엿보기〉는 여러분을 나약하게 만들거나 무기력하게 만들려고 지은 것이 아니다.
오직 자신의 삶 속에서 중요한 고비가 되는 선택의 순간을 보다 슬기롭게 헤쳐 나갈 수 있게 올바른 방향을 제시해 주려고 심혈을 기울여 만든 것이다.
현재 세계경제가 어렵고 국내경제 또한 어려워서 취직조차 쉽지 않은 현실이지만, 그렇다고 두 손 두 발 다 묶어놓고 가만히 앉아 있다고 해결될 문제가 아니지 않은가? 어려울 때일수록 보다 적극적이고 보다 활동적으로 돌파구를 모색해야 할 것이다.
이런 적극적인 사고방식에 발맞추어서 이 〈천부경과 나의 미래 엿보기〉가 독자 여러분의 보다 나은 직장과 보다 나은 삶을 위해 한 조각 희망의 빛이 되어 행복의 문을 활짝 열어젖혔으면 하는 바람이다.

- 2018. 겨울 道廣 -

목   차

天符經

천 부 경

천부경 〈天符經〉

一始無始一析三極無
盡本天一一地一二人
一三一積十鉅無櫃化
三天二三地二三人二
三大三合六生七八九
運三四成環五七一妙
衍萬往萬來用變不動
本本心本太陽昻明人
中天地一一終無終一

一始無始一	일시무시일이니
析三極無盡本	석삼극무진본이고
天一一地一二人一三	천일일지일이인일삼이라
一積十鉅無櫃化三	일적십거무궤화삼이니라
天二三地二三人二三	천이삼지이삼인이삼이니
大三合六生七八九	대삼합육생칠팔구하고
運三四成環五七	운삼사성환오칠하니
一妙衍萬往萬來	일묘연만왕만래라
用變不動本	용변부동본이요
本心本太陽	본심본태양이니
昻明人中天地一	앙명인중천지일이니라
一終無終一	일종무종일이라

천부경(天符經)이란 '천지대자연의 운행원리에 부합되는 제세활인(濟世活人)의 경전'으로서, 천지자연의 운행원리와 사람이 성인(聖人), 명인(明人=眞人), 부처(覺者=佛), 신선(神仙)이 될 수 있다는 내용을 숫자와 문자로 나타낸 하늘의 말씀이며, 미래인류를 구원하는 고대 우리 한민족 경전이다. 이 천부경의 이치를 제대로 통달한다면 모든 종교를 한눈에 관통할 수 있는 것이다.

【천부경의 내력】

천부경(天符經)은 환인천제께서 환웅천황에게 물려준 것인데, 환인천제의 아들인 환웅천황이 새 나라를 세우려하자 환인천제께서는 나라를 세우는 근간이 되는 천하의 보물 천부인 세 개와 함께 사람이 살아가는데 꼭 필요한 교훈이 되는 천부경(天符經)을 내려주셨다. 이 교훈은 당시 문자가 없었으므로 환인천제께서 다스리던 환국(桓國)에서부터 입에서 입으로 전해내려 왔다. 그 후 환웅께서 하늘의 뜻을 받들어 백두산으로 내려오신 뒤에 신지(神誌: 출납과 기록을 담당하던 관직이름. 지금의 문화부와 교육부를 관장하는 벼슬이름에 해당 = 신지발리 신지고설 등의 이름도 있었음.) 혁덕(赫德)에게 명하여 당시 구전지서(口傳之書)이던 천부경을 녹도문(鹿圖文: 사슴발자국처럼 생긴 문자. 6000년 전 초대 환웅천황의 신하인 신지혁덕이 만든 최초의 문자)으로 문자화하여 백성을 교화하게 했다는 것이다.

이 천부경은 우주 대자연의 창조와 운행원리를 만백성에게 열어 보이고, 그 속에서 만백성이 걸어가야 할 올바른 길을 제시하여 세상을 건지고 인류를 구원하고자 했던 우리 겨레의 위대한 얼이 담긴 眞經이었다.

그리하여 그 맥이 근 4000여 년간을 이어져오다가, 단군왕검(檀君王儉)의

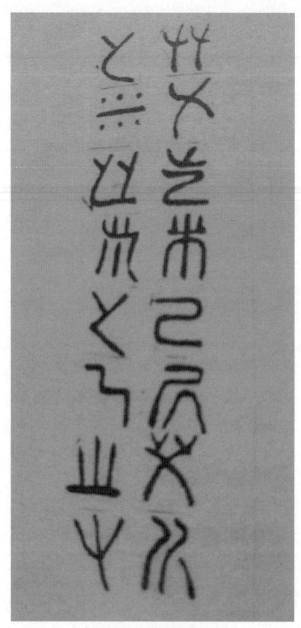

〈천부경의 원전인 신지녹도전자 비문〉

법통이 사분오열되는 비운을 당하고, 중역종학의 아류들에 현혹되어 겨레의 얼이 미로(迷路) 가운데 방황하기에 이르렀던 것이다.

그러나 다행스럽게도 천운으로 신라 말의 대동방(大東方) 선도학(仙道學)의 석학 고운 최치원선생이 묘향산 운유(雲遊)를 마치고 돌아오던 길에 평양 대동강 법수교(法首橋)가에 쓰러져 있는 고비석(古碑石)을 발견하게 되었다. 그런데 이 비석이 고운선생이 꿈에서도 염원하던 환웅천황시대의 신시(神誌)전고비(篆古碑: 최치원이 발견한 고비古碑에 천부경을 전문篆文으로 표기한 신지와 환웅천황의 명을 받아 천부경을 녹도문으로 표기한 신지는 같은 인물이 아니다.)였던 것이다. 이로써 잠적되었던 천부경이 다시 광명천지에 나와 제세활인(濟世活人: 세상을 건지고 인류를 살리다)할 수 있는 계기를 만들기에 이르렀던 것이다.

이에 선생은 이를 다시 맞추어 열여섯 자로 된 녹도문의 천부경 원문을 탁본했던 것이며, 그 탁본한 16자로 된 신지녹도전자(神誌鹿圖篆字) 천부경을 해독하여 다시 시첩으로 만든 것을 암벽에 음각해 두었던 것이다.

즉 선생은 열여섯 자로 된 녹도문 천부경의 내용을 깨달아, 자신이 만든 81자 천부경속에서 우주순환의 이치와 미래세상을 언급하고 사람이라면 반드시 천부지성(天賦之性)인 하나[道]를 얻어서 자신의 밝은 미래를 창조해나가는 위대한 명인(탁 트인 밝은 사람)이 되어야 한다는 천부경의 가르침을 그대로 실어 놓았던 것이다.

이후 묘향산에서 수도하던 계연수(桂延壽)라는 사람이 10여 년 동안 정성을 들인 끝에 암벽에 새겨진 『천부경』을 찾아내어 1916년 9월 9일 이를 탁본

(拓本)하여 1917년 세상에 알렸다고 한다.

여기에 소개된 천부경은 최치원 선생이 새겨놓았다고 하는 묘향산 석벽본으로 1917년에 계연수가 단군교당 앞으로 보낸 편지에 동봉한 천부경이다.

먼저 P.18에 실은 신지녹도전자(神誌鹿圖篆字)로 된 천부경 비문의 의미를 간략히 요약해보면 다음과 같다.

"우주의 생명이요 정신이며, 크게 밝은 태양이신 하나님[一]이

하늘과 땅이라는 물질의 세계를 여시어[천지창조]

사내[아담]를 만들고

계집[이브]을 만들어서

땅위에 세우셨으니,

두 사람은 사랑의 힘으로 하나 되어 후손[씨]을 생육하고 번성되게 하라.

아들[사내]들은 지구촌을 새롭게 일구어서

딸[여자]들의 보금자리에 풍성한 열매를 거두어들이라.

자기울타리를 지키는 복[收放心工夫=克己復禮]이 완성되면

서로 마음의 문을 열고 하나 된 우리가 되라."

옛날 사람들은 책 속에 말하고자 하는 내용을 모두 남김없이 기록해놓고자 할 경우, 전부 81편으로 책을 지었다.

황제내경 소문이 81편, 황제내경 영추가 81편, 난경이란 책도 81편, 도덕경도 81장이다. 이처럼 책을 81편, 또는 81장으로 썼다는 것은 말하고자하는 내용을 충분히 풀어놓았다는 뜻이다.

따라서 천부경의 경문이 81이라는 숫자로 되었다는 것은 분열의 극한수인

9 · 9 = 81자로 하늘의 이치에 부합되는 내용을 충분히 나타내었다는 의미가 되는 것이다.

천부경에 대한 해석은 여러 가지가 있는데, 여기에서는 역자가 바라본 천부경의 실체를 독자들에게 소개하였다.

환인천제께서 내려주신, 사람이 살아가는 데 꼭 필요한 교훈이 되는 구전지서(口傳之書)이던 천부경(天符經)과 81자로 된 최치원 선생의 천부경 속에서 꼭 전달하고자 했던 메시지를 미리 말해본다면, 바로 다름 아닌 "하나(道=本心·本太陽)를 얻어서 이것을 늘 알아차리는 밝은 사람(明人=眞人)이 되라는 것" 이니,

부디 인연 있는 분들은 하루속히 일지묘도(一指妙道)를 전하는 눈 밝은 스승을 찾아서 필히 득도(得道)하여 생사윤회의 고통에서 벗어난 자유자재한 선지식(善知識), 진인(眞人), 활불(活佛)이 되시기를 빕니다.

| 천부경 해설 |

一始無始一
일 시 무 시 일

▶ 하나라는 우주의 으뜸이 되는 근본씨앗[一元: 일원의 순환주기: 129,600
년]이 시작되었으나 그 일원은 시작을 알 수 없는 일원이니

···▶ 一始無始一;
일 시 무 시 일

이 첫 구절에서 언급하는 일(一)의 의미는 81자 천부경 안에 있는데, 정사각
형으로 배열된 천부경의 네 모서리에 위치한 일(一), 무(無), 중(中), 일(一)이
라는 글자가 그것이다.
바로 일(一)은 무(無)요, 중(中)으로서의 일(一)이라는 것이다.
즉 하나[一]는 우주의 근원으로서 말로 표현할 수 없고 끝[極]이 없는[無] 무
극이요, 중심자리[中]의 한마음[一心]이라는 뜻이다.

이 하나란 무극(無極), 곧 중(中)이 움직인 모습이고,
무극(無極)과 중(中)은 하나가 고요히 있는 모습이다.
천지가 있기 이전에도 이 하나[一]는 있었고, 천지가 생긴 후에도 이 하나는
여전히 존재하고 있다.
이 하나는 오직 황홀하여 일정한 형상이 없으니 있다고 말할 수도 없고, 삼
라만상이 다 그것을 얻음으로써 비로소 존재하니 없다고 할 수도 없다.

억지로 이름을 붙여서 하나[一], 또는 도(道)라고 하니, 이 하나는 시작도 끝도 없이 원래 존재하는 삼라만상의 본체로서 버릴 수 없는 것이다.

이 하나가 하늘에 있으면 천리(天理)라 하고, 땅에 있으면 지리(地理)라 하며, 물건에 있으면 물리(物理)라 하며, 사람에 있으면 성리(性理)라 한다.
여기에서 하나[一] 즉 도(道)란 진공묘유(眞空妙有)의 하나[一]로서, 대자연의 이치이다.
다시 말해서 하나[一]는 선(線)이요, 길[道]이요, 진리(眞理)이며, 생명(生命)이며, 불의 세례(洗禮)와 마정수기의 정법(正法)인 것이다.

인간의 생명을 구출하려면 〈朝聞道 夕死可矣: 아침에 도를 들으면 저녁에 죽어도 좋다.〉라는 말이 있듯이 영원의 생명을 찾아보아야 하는데, 그것은 동양에서는 무극(無極)이라 했고, 종교에서는 하나님, 미륵(彌勒), 성(誠)이라고 했는데, 이 모든 것은 바로 濟世活人의 〈하나〉를 뜻한다.

무릇 하나[道]란
형체와 빛깔이 없고 소리와 냄새도 없지만
천지를 자리 잡고 만물을 기르며,
천지가 나누어지기 전의 원기(元氣)에 들어갔다가
천지자연의 기운으로 돌아오며,
성(聖)과 범(凡)을 초월하며,
오염되고 비천함에 처하여도 크게 존귀하며,
어두컴컴함에 거하여도 지극히 높고 밝으며,

극미한 티끌 속에도 들어가며,

광대한 천지우주를 싸서 머금고,

하나로 둥글어서 비어있으나 신령한 것이니,

순양진인(純陽眞人)인 여조(呂祖: 呂洞賓)는

"하나[道]란 스스로 존재하는 것으로 본래 이름도 형상도 없으나 사람의 생명을 주재하는 근본 원신(元神)이요 본성(本性)이다. 이를 죽지 않는 사람[不死人]이라 한다. 불사(不死)를 구하고자 하면 마땅히 불사(不死)하는 사람[不死人]을 밝혀서 알아야 바야흐로 죽지 않는다." 라고 하였다.

하지만 세상 사람들은 이 하나[道]에 어두워

기운이 왕성할 때에는 함양(涵養)할 줄 모르고

기운이 쇠약해진 때에는 구할 줄을 몰라서

양기가 다하고 음기가 순전하여 죽어서는 고해중생이 되어버린다.

그러므로

오교의 성인은 방편의 문을 열어 이 하나를 가르쳐서 생사를 초탈케 하였으니,

유교는 마음을 보존하여 성품을 기른다[存心養性],

　　　　중을 잡아 하나를 꿰뚫는다[執中貫一] 하였고,

불교는 마음을 밝혀 성품을 본다[明心見性],

　　　　만법이 하나로 돌아간다[萬法歸一] 하였고,

선교[도교]는 마음을 닦아 성품을 단련한다[修心煉性],

　　　　　으뜸을 안고 하나를 지킨다[抱元守一] 하였고,

기독교는 마음을 깨끗이 씻어 성품을 옮긴다[洗心移性],

묵묵히 기도하여 하나와 친해진다[默禱親一] 하였고,
이슬람교는 마음을 견고히 하여 성품을 안정시킨다[堅心定性],
참을 맑혀서 하나로 돌아간다[淸眞返一] 하였다.

이렇게 오교성인이 모두 하나[一]를 말하니
儒교의 집중(執中), 佛교의 공중(空中), 선교의 수중(守中)에서의 중(中)은 하나[一]인 중(中)을 잡고, 비우고, 지키라는 뜻[意業淸淨]이며, 이 중(中)은 본래 동연(洞然)히 빈 것이다.

나는 누구인가? 인생이란 무엇인가? 우리는 어디서 왔으며 또 어디로 가는가? 우리에게 주어진 삶의 의미는 무엇이며, 어떻게 살아야 하는가? 우리의 삶은 왜 이렇게 고통스러운가? 어떤 삶이 행복한 삶인가? 고통을 여의는 진리는 있는가? 있다면 그 진리는 과연 무엇인가?
이러한 물음들을 자신을 향해 던지는 것은 곧 생명의 빛을 찾아 나서는 것과 같다.
여기서 생명의 빛이란 소[牛]로 비유되고, 소는 참된 나[眞我]요 죽지 않는 사람[不死人]이니, 곧 도(道)를 뜻한다.
이것은 바로 모든 종교[萬宗敎]가 찾고 있는 제세활인(濟世活人)의 구심점(求心点)이요, 초시공(超時空)의 새 마음[淸淨心]이요, 끝이 없는[無極=眞空] 중심자리[中]의 한마음[一心=道]인 것이다.

그러므로 사람이 생사윤회고(生死輪廻苦)를 면하려면 이 하나[一, 中, 道]를 얻어 수행하면, 즉 밖으로 달아나는 눈을 제어하여 마음으로 돌아가서 하나

[中=道]를 지켜 떠나지 않는 정관수행(正觀修行; 하나를 알아차리는 수행)을 익히게 되면, 비록 우매한 소인(小人)일지라도 진여(眞如: 참 나)를 깨달아 성인(聖人)의 영역에 들어서게 된다.

조선 명종 때 예언가이자 이율곡의 스승이기도 한 남사고(南師古) 선생이 남긴 〈격암유록格庵遺錄〉의 '은비가'에 보면 임진왜란 때와 말세 때 〈나를 죽이는 것은 무엇인가?〉에 대해 나온다.

＊ 殺我者誰 女人戴禾 (임진왜란 때) 나를 죽이는 것은 무엇인가? 여인이 벼를 이고 있는 것이다. 이는 왜놈이라는 뜻을 가진 왜(倭)라는 글자를 파자(破字)한 것이다.

＊ 殺我者誰 小頭無足 (말세 때) 나를 죽이는 것은 무엇인가? 작은 머리에 발이 없는 것, 곧 토마호크(순항미사일)나 ICBM(대륙간 탄도미사일) 등과 같은 무기라는 것이다.

한편, 〈격암유록〉의 '은비가'에는 임진왜란 때와 말세 때 〈나를 살리는 것은 무엇인가?〉에 대해서도 언급하고 있다.

＊ 活我者誰 十八加公 宋下止 (임진왜란 때) 나를 살리는 것은 무엇인가? 열여덟에 당신[公]을 더한 것이다. 이는 곧 송(松)이라는 글자를 파자(破字)한 것으로, 당시 명나라 장수 이여송이 나를 살린다는 뜻이다.

＊ 活我者誰 三人一夕 都下止 (말세 때) 나를 살리는 것은 무엇인가? 세 사람이 한 저녁을 같이 보내는 것이다. 이는 곧 수(修)라는 글자를 파자(破字)한 것으로, 명사(明師=善知識)를 속히 방문하여 도(道)를 얻어서 닦으라는 것이다.

다시 말해서 도하지(都下止)는 도하지(道下止)이니, 말세 때 나를 살리는 피난지는 도(道)이므로 도(道) 아래에 그쳐야 한다는 것이다.

미래 인류를 위한 비결서인 이 천부경의 본문에서 강조하고 있는 것 역시 인류의 생존, 번영을 위해서는 반드시 하나[一], 즉 본심본태양인 도(道)를 얻어서 도(道) 아래에 머물러야 한다는 것이다.

〈격암유록 송가전(松家田)〉에 보면,

風紀紊亂 雜糅世上 十勝大道 알아보소.

"풍기가 문란하여 온갖 추잡한 일들이 일어나는 세상이 되면 십승대도를 알아보라." 라고 언급하고 있다.

또한 정감록집성(鄭鑑錄集成)의 양류결(楊柳訣)에서도 산(山)으로도 가지 말고, 물[水]로도 가지 말고, 꼭 찾아가 피난해야 할 곳은 도(道)를 찾아서 그 도(道) 아래에 머물러야 한다는 것이다.

이와 같이 제세활인(濟世活人) 즉, 말세 중생의 생명을 구출하려면 무엇보다도 먼저 영원의 생명인 도(道)를 찾아야 한다는 사실을 명확히 인식해야 한다는 것이다.

그러므로 이 현상계에서 일어나는 모든 생명과 모든 현상은, 끝이 없는[無極=眞空] 중심자리[中]의 한마음[一心=道]에 뿌리를 박고 있는 것이다.

따라서 현상계의 우주 대자연은
끝이 없는[無] 중심자리[中]인
우주의 으뜸이 되는 하나의 씨앗[一元]에서 시작되었다[一始]는 것이다.

그리고 이 하나라는 우주의 으뜸이 되는 근본씨앗[一元]은

숫자로 나타내기 이전의 생명의 빛이고,

끝이 없는 한마음[一心] 진여(眞如)이니,

천부경 본문 끝부분에서 말하는 본심이요 본태양인 것이다.

다시 말해서 하나라는 우주의 으뜸이 되는 근본 씨앗은

곧 본래마음이요 원래 태양처럼 크게 밝은 빛이라는 것이다.

이 하나의 으뜸씨앗[一元]의 작용으로 현상계의 우주 대자연이

한차례 생 · 주 · 이 · 멸이라는 움직임[1주기=129,600년]이 있게 되지만,

이 하나라는 우주의 으뜸이 되는 근본씨앗[一元]의 작용은

끝없이 계속 쉬지 않고 반복하므로,

그 시작을 알 수 없는 하나[無始一]인 것이다.

그러나 예로부터 지금까지 들어보기 쉽지 않은 천상의 비보(秘寶)인 이 하나[一], 즉 도(道)에 대해 오늘날 세상 사람들은 제대로 인식하지 못하고 있으며, 현재 지구촌 곳곳에서 집집마다 찾아가 대문을 두드리건만 애석하게도 세상 사람들은 오히려 미혹하고 어두워서 메시아[彌勒]께서 가지고 오신 길[道]이요, 진리(眞理)이며, 생명(生命)인 하나[一]를 알지 못한다.

이 하나는 유(儒) · 불(佛) · 선(仙) 삼교(三敎)를 하나로 꿰어 융합하는 하나[一]이니, 즉 관일(貫一)의 하나[一]요, 귀일(歸一)의 하나[一]요, 수일(守一)의 하나[一]인 것이다.

그리고 이 하나[一]인 도(道)는 제 아무리 자신의 총명함이 안연이나 민자건을 뛰어넘을지라도 명사(明師=善知識)를 찾아가 구하지 않고는 마음대로 추측하거나 헤아려서 알 수 있는 것이 아니다.

이 하나[道]란 궁궁지도(弓弓之道)이니, 악행을 일삼는 자는 깨달을 수 없는 유·불·선 삼교를 하나로 꿰뚫어[一貫] 합일한 도[儒佛仙合一之道]인 것이다. 토정(土亭) 이지함(李之菡)선생도 자신의 저서인 〈토정가장결(土亭家藏訣)〉에서 '구인종어양백(救人種於兩白)' 즉 '사람 종자는 양백에서 구원한다.'고 하였으니, 이 양백(兩白)을 알고자 한다면 명사의 일지점(一指點)을 통해서 하나[道]를 얻어야 하는 것이다.

析三極無盡本
석 삼 극 무 진 본
　　* 析:나누어질 석. 　* 極:최고자리, 근본 극.

▶ 그 일원 속에 세 가지의 최고자리인 하늘[ㅇ], 땅[ㅁ], 사람[△]이 나누어져 생겨났다가 사라지므로, 일원의 작용은 무궁무진함의 바탕이 되고
　* 三極: 天極[하늘: ㅇ]·地極[땅: ㅁ]·人極[사람: △]

⋯▶ 析三極無盡本;
석 삼 극 무 진 본

이 하나라는 근본씨앗은 천, 지, 인 셋[三極= 天極·地極·人極]으로 나뉘어져서 천일(天一), 지일(地一), 인일(人一)이 된다.
왜 나눠지는가?
하나라는 근본 씨앗[一元] 속에는 본래 나뉘어졌다가 합쳐지는 음양 운동이 갖추어져있기 때문이다. 이 음·양이라는 두 기운의 운동으로 우주는 공간적으로는 천·지·인 셋으로 나뉘어졌다가[析三極] 다시 본래로 돌아간다.
또한 시간적으로는 하나의 근본 씨앗에서 봄, 여름, 가을, 겨울이라는 생

(生) · 주(住) · 이(異) · 멸(滅)의 음양 작용을 반복한다.

그리고 그 하나라는 근본 씨앗에서 셋으로 전개되지만 그 하나의 근본 씨앗은 셋으로 나뉘어진 천 · 지 · 인 속에 다 들어가 있어서 그 셋은 뿌리가 동일하다. 그러므로 하나의 근본 씨앗[一元]은 셋으로 나뉘어졌다가 다시 처음으로 돌아가는, 생 · 주 · 이 · 멸의 움직임을 끝없이 계속 쉬지 않고 반복하므로 무궁무진함의 바탕[無盡本]이 된다는 것이다.

天一一 地一二 人一三
천 일 일   지 일 이   인 일 삼

▶ 하늘이라는 하나의 최고자리는 자회(子會)에 첫째로 열리고,

　땅이라는 하나의 최고자리는 축회(丑會)에 둘째로 열리며,

　사람이라는 하나의 최고자리는 인회(寅會)에 셋째로 생겨나느니라.

⋯▸ 天一一 地一二 人一三;
　　천 일 일 지 일 이 인 일 삼

앞에서 우리는 우주의 근본 씨앗인 하나가 천, 지, 인

셋[三極= 天極 · 地極 · 人極]으로 나뉘어져서,

하늘이라는 하나의 극(極) 즉 천일(天一)과

땅이라는 하나의 극(極) 즉 지일(地一)과

사람이라는 하나의 극(極) 즉 인일(人一)이 됨을 살펴보았다.

여기에 나오는 천일(天一) 지일(地一) 인일(人一)의 일(一)은 극(極)

곧 '최고자리'를 뜻한다.

천지가 열리고 사람이 생기는 천지 대자연의 창조와 운행원리에 관한 이야기는 사실 아득하여 현재의 눈으로는 직접 살펴보기 어렵지만, 수 만년 이어 온 일월의 움직임과 사계절의 경험, 그리고 천지자연계에 나타난 하도와 낙서, 팔괘의 이치 등을 세세히 따져서 통찰력 있게 고찰해 본다면 결국 명백히 알아낼 수가 있다.

기록된 문서에 의하면, 천지의 시조에서 종말에 이르기까지를 일원도수(一元度數)라 하는데, 일원(一元)을 나누면 12회(十二會), 즉 십이궁도수(十二宮度數)가 된다. 1년이 12개월로 나뉘어지듯이 12회는 자회(子會), 축회(丑會), 인회(寅會), 내지 술회(戌會), 해회(亥會)이다.

1회(一會)는 30운(三十運), 1운(一運)은 12세(十二世),

1세(一世)는 30년(三十年), 1년은 12월(十二月),

1월(一月)은 30일(三十日), 1일(一日)은 12시(十二時)가 된다.

따라서 1세(一世)는 129,600時가 되고, 1운(一運)은 129,600日이 되며, 1회(一會)는 129,600月이 되고, 일원(一元)은 129,600年이 된다.

이와 같이 천지의 시초에서 종말에 이르는 과정은 129,600년이 경과되면 끝난다. 이 129,600년을 우주일회전(宇宙一回轉)의 도수(度數)라 한다. 그러므로 예부터 이르기를,

하늘은 자회(子會)에 열려서 술회(戌會)에 끝나고,

땅은 자회(丑會)에 열려서 유회(酉會)에 끝나고,

사람은 자회(寅會)에 생겨서 신회(申會)에 끝난다고 하였다.

해회(亥會)에 들어서면 혼돈기(混沌期)이다.

혼돈기는 온기(溫氣)는 한 점도 없고 음산한 냉기(冷氣)로 가득하여 일월성진(日月星辰)과 지구(地球)의 분별조차 알 수 없는 아득한 암흑과 같은 시기

로서 무극(無極)의 상태로 돌아간 상태이다.

일 년에는 봄 · 여름 · 가을 · 겨울이라는 네 계절이 있듯이 우주일회전(宇宙一回轉)의 도수(度數)에도 네 절후(節侯)가 있는데, 곧 자회(子會)에 하늘이 열린 이후의 봄 운[春運]을 청양기(靑陽期)라 하고, 여름 운[夏運]을 홍양기(紅陽期)라 하며, 가을 운[秋運]을 백양기(白陽期)라 하며, 겨울 운[冬運]을 흑양기(黑陽期)라 한다.

이 네 절후(節侯)의 년 수(年數)가 129,600年이다.

온기(溫氣)가 한 점도 없고 음산한 냉기(冷氣)로 가득한 겨울 운[冬運]에 해당하는 흑양기 혼돈시대(混沌時代)가 변하여 자회(子會) 운(運)에 이르면 우주의 중심점에서 일양(一陽)이 비로소 발생하여 강력한 양기가 점차 나타나기 시작하게 된다.

그 기운이 점점 확대되어 냉랭한 속에서 따뜻한 기운이 감돌게 되고, 축회, 인회, 묘회에 이르도록 냉랭한 기운은 따뜻한 기운으로 변하여 생물(生物)이 발동하여 생식성장을 이루게 된다.

그런데 하늘이 자회에서 열린다는 것은 한순간에 갑자기 열리는 것이 아니라, 129,600月(10,800年) 동안 고요한 데서 움직임으로 움직임에서 형태로, 형태에서 뚜렷함으로 뚜렷함에서 변화됨으로 발전하여 점점 기운이 충족됨으로 인해 형상으로 나타나니, 해와 달과 별들이 하늘에 생겨나 빛을 발하면서 제각기 앞다투어 운행하므로 하늘이 비로소 열리게 된다는 것이다.

그 뒤에 다시 10,800년 동안 우주공간에 충만한 여러 기운들이 둥글게 모여 덩어리가 되니, 무수한 별들이 공간으로 흩어져 나열하게 된다. 각 별들마다 산과 언덕이 생기고 흐르는 물이 땅위로 흐르게 되면, 땅이 비로소 온전

한 모습으로 열리고,

또다시 10,800년 동안에는 하늘의 기운은 아래로 내려가고 땅의 기운은 위로 올라가서, 두 기운이 묘하게 엉겨서 동물과 식물이 많이 자라나고 사람과 만물이 비로소 앞을 다투어 생겨나게 되니, 생명체가 서로 더불어 살아갈 수 있는 온전한 세계가 이루어진다.

이와 같이 '하늘이라는 하나의 최고자리[天一]는 자회子會에 첫째로 열리고[天一一], 땅이라는 하나의 최고자리[地一]는 축회丑會에 둘째로 열리며[地一二], 사람이라는 하나의 최고자리[人一]는 인회寅會에 셋째로 생긴다[人一三]'는 것이다. 즉 천일일(天一一) 지일이(地一二) 인일삼(人一三)이란 창조의 순서가 하늘이 첫 번째이고, 땅이 두 번째이며, 인간이 세 번째라는 내용이다.

 一積十鉅 無櫃化三　　＊ 十: 완전무결할 십. ＊ 鉅: 클 거. ＊櫃: 상자 궤.
일 적 십 거　무 궤 화 삼

▶ 우주의 근본 씨앗 하나[道]를 늘 알아차리는 공부를 계속 쌓아서 완전무결한 한마음의 경지를 크게 여신 열 분의 부처는 담을 상자가 없을 만큼 걸림없이 자유자재한 밝은 사람이 되신 것이니라.

　＊ 三: 明人, 眞人.

⋯▶ **一積十鉅 無櫃化三;**
　일 적 십 거　무 궤 화 삼

하나의 근본 씨앗은 천, 지, 인 셋[三極= 天極 · 地極 · 人極]으로 나뉘어져서 천일(天一), 지일(地一), 인일(人一)이 될 뿐만 아니라, 셋으로 나뉘어진 그

천 · 지 · 인 속에 하나의 근본 씨앗이 다 들어가 있는데, 중용에서는 사람에게 들어가 있는 우주의 근본씨앗을 천명지위성(天命之謂性: 하늘이 사람에게 부여된 것을 일러 본성이라 한다. 여기서의 하늘은 우주의 근본 씨앗, 곧 천지가 생기기 이전의 한마음의 세계를 뜻함)이라 하였다.

이와 같이 사람에게 부여된 우주의 근본씨앗인 하나[本性]를 얻어서 늘 알아차리는 공부를 계속 쌓아나간다[一積는 말은 중용에서 말하는 솔성(率性)이라는 말과 그 의미가 동일하다. 즉 본성이 시키는 대로 따른다는 말이다.

그렇게 하는 분은 바로 열[十]이라는 완전무결한 한마음의 경지를 열어 크게 이루신 분이니, 즉 큰 깨달음의 경지를 크게 여신 열 분의 부처님[十鉅]이라는 뜻이다.

우리말 열[十]은 '열다.' 라는 뜻이므로, 여기서 열[十]이란 숫자로서의 열의 의미뿐만 아니라 우주의 근본 씨앗과 하나가 되는 한마음의 문을 열라[開]는 의미도 된다. 또한 거(鉅)란 크다는 의미이므로 십거(十鉅)란 '열[十]이라는 완전무결한 한마음의 경지를 크게 열어 이룬 열 분의 부처.' 라는 뜻이 된다.

선천(천지가 생기기 이전)의 근본 씨앗인 하나가 사람에게 부여되는 순간 눈, 귀, 코, 혀, 몸, 뜻이라는 후천적인 환경에 물이 들어서 우주의 근본 씨앗[한마음]과 하나가 되기 어려운 상황에 놓이게 된다. 그래서 우주의 근본 씨앗과 하나가 되는 길인 도(道)를 얻어야 한다.

이 도(道)는 스스로 얻을 수는 있지만 너무나 어렵다. 하늘이 감동할 만큼의 공과 덕을 쌓아야 선천의 하늘(천지가 생기기 이전의 한마음의 세계)에서 신인(神人)을 보내어서 우주의 근본 씨앗과 하나가 되는 한마음의 길[道]을 열어주기 때문이다.

이전까지는 도(道)가 단전독수(單傳獨受: 한 사람이 한 사람에게 전함)하던 시대였다. 그러나 현재는 상황이 달라졌다. 인연 있는 사람이라면 누구나 선지식[明師]이 전하는 도를 얻을 수 있는 대개보도(大開普渡: 크게 열어 널리 제도함)의 시기가 되었기 때문이다.

따라서 열[十]이라는 완전무결한 한마음의 경지를 열어 크게 이루고 싶은 사람은 누구든지 눈 밝은 선지식을 방문하여 자신의 간절한 진심이 담긴 의지를 표시히기민 하면 도(道)를 읽을 수 있다.

그리고 도(道)를 얻어서 늘 알아차리는 마음공부를 계속 쌓아서 이룬 열[十]이라는 완전무결한 한마음의 경지는 너무 커서 담을 상자가 없으므로 무궤(無櫃: 상자가 없음)라 하였는데, 이는 '걸림이 없는', '탁 트인' '자유자재한' 등의 의미인 것이다.

삼(三)은 인일(人一)이지만, 여기에서 삼(三)은 단순한 사람이 아니라 우주의 근본 씨앗인 하나를 얻어 깨우친 밝은 사람[明人], 즉 선지식(善知識)을 의미한다. 유교식으로 말하면 성인(聖人)이요, 불교식으로 말하면 각자[覺者=佛]요, 도교식으로 말하면 진인(眞人)이 되는 것이다. 그래서 사람이 하나를 얻어서 깨치면 성인, 부처, 신선이 될 수 있다는 것이다.

따라서 무궤화삼(無櫃化三)이란 '담을 상자가 없을 만큼 걸림없이 자유자재한 밝은 사람[明人]이 된다.'는 의미인 것이다.

 天二三 地二三 人二三
천 이 삼 지 이 삼 인 이 삼

▶ 하늘엔 음과 양 두 기운의 작용이 있어서 일 · 월 · 성 삼보를 이루고, 땅

에는 음과 양 두 기운의 작용이 있어서 물·불·바람 삼보를 이루며,사람엔 음과 양의 두 기운의 작용이 있어서 정·기·신 삼보를 이루니,

···▶ 天二三 地二三 人二三;
천 이 삼 지 이 삼 인 이 삼

천이삼(天二三) 지이삼(地二三) 인이삼(人二三)은 천이(天二)가 셋을 이루고, 지이(地二)가 셋을 이루며, 인이(人二)가 셋[三]을 이룬다는 의미로 해석되는데, 여기서 이(二)란 '음(陰)과 양(陽) 두 기운의 작용[用]'을 뜻한다.

따라서 천이(天二), 지이(地二), 인이(人二)란 '하늘엔 음과 양 두 기운의 작용이 있고, 땅에도 음과 양 두 기운의 작용이 있으며, 사람에게도 음과 양 두 기운의 작용이 있다.'는 말이다.

그리고 여기서 말하는 셋[三]은 앞에서 나온 화삼(化三)이 가지고 있는 의미인 명인(明人)을 지칭하는 것이 아니라, '세 가지 생명기운' 또는 '세 가지 보배[三寶]'를 의미하므로 천이삼(天二三)이란 "하늘엔 음과 양 두 기운의 작용이 있어서 해[日]·달[月]·별[星]이라는 세 가지 보배[三寶]를 이루고," 지이삼(地二三)이란 "땅에는 음과 양 두 기운의 작용이 있어서 물[水]·불[火]·바람[風]이라는 세 가지 보배[三寶]를 이루며," 인이삼(人二三)이란 "사람에게는 음과 양 두 기운의 작용이 있어서 정(精)·기(氣)·신(神)이라는 세 가지 보배[三寶]를 이룬다."라고 해석되는 것이다.

즉 하나에서 하늘과 땅이 열리고 사람이 생겨나면, 하늘에서는 해[日]·달[月]·별[星]이라는 세 가지 보배[三寶]를 끊임없이 이루어 내고 소멸시키는 음양의 생멸작용이 일어나게 되고, 땅에서는 물[水]·불[火]·바람[風]이라는 세 가지 보배[三寶]를 끊임없이 이루어 내고 소멸시키는 음양의 생멸작

용이 일어나게 되며,

사람에게서는 정(精)·기(氣)·신(神)이라는 세 가지 보배[三寶]를 끊임없이 이루어 내고 소멸시키는 음양의 생멸작용이 일어나게 된다는 것이다. 이것은 바로 우주의 근본 씨앗인 하나[一元: 本心本太陽, 곧 道]가 온 현상계를 만드니 하나 속에 전체가 들어있다는 뜻이며, 아울러 모든 현상계 속에서도 그 하나가 들어있으니 전체 속에 하나가 들어있다는 의미이기도 하다.

다시 말해서 '하나 속에 모든 것이 들어 있고, 모든 것 속에 하나가 들어있다.[一中一切多中一] 그 하나라는 것은 모든 것이고, 모든 것은 하나다.[一卽一切多卽一]'라는 의상대사 〈법성게〉의 말과 다르지 않다. 이는 곧 화엄경(부처가 깨달은 진리를 꽃으로 장엄하듯이 설한 경전)의 세계가 천부경 속에 온전히 드러난 것이라고 말할 수 있다.

大三合六生七八九
대 삼 합 육 생 칠 팔 구

▶ 하나[道]를 얻어서 깨친 위대한 사람[大三]이 육바라밀의 보살행[육도만행]과 합치되는 사랑과 자비를 여법하게 행하니, 과거칠불과 여덟째부처[八佛＝연등불]와 아홉째부처[九佛＝석가여래불]와 열 번째 부처[十佛＝미륵불]가 탄생하고,

┅┅▶ 大三合六生七八九；
　　　대 삼 합 육 생 칠 팔 구

사람[一]이 하나[一＝道]를 얻으면 큰[大] 사람이 되고, 삼(三)은 앞서 언급한 화

삼(化三)이 가지고 있는 의미인 명인(明人) 또는 진인(眞人=참 사람)을 뜻한다. 따라서 대삼(大三)은 '하나를 얻어서 깨친 위대한 진인(眞人=참 사람)'이다. 이렇게 하나를 얻어서 깨친 사람은 이제 더 이상 한 곳에 머물러 있지 않고, 자신의 출발점인 세상 속으로 돌아가는 하산(下山)을 하여 발길 닿는 곳마다 스스로 모든 고통에서 벗어난 한마음의 경지를 다른 사람에게 가르쳐 행복으로 인도하는 대승적인 마음 즉 사랑과 자비를 실천하게 되는데, 이것을 육도만행이라고 한다.

육도만행은 자신의 출발점인 세상 속으로 돌아가 중생들을 사랑하는 마음을 몸소 실천하는 행위[合六]이다.

여섯[六]이라는 글자는 두 사람이 서로 어깨를 맞대고 포옹하는 모습을 닮아있어서 인류가 돌아가야 할 곳, 즉 사랑으로 충만한 마음자리를 의미한다고 본다.

따라서 이미 깨달음의 경지에 들어가서[悟入] 모든 고통에서 벗어난 사람[眞人]이 실천하는 사랑과 자비는 육바라밀의 보살행과 합치되는[合六] 것이다. 이것은 바로 모든 인류가 돌아가야 할 곳으로서, 고통 속에 있는 중생들을 위해 기도하고 그들을 고통 속에서 건져내는, 사랑으로 충만한 마음을 여러 가지로 실천하는 육도만행(六度萬行)인 것이다.

이와 같이 하나[道]를 얻어서 깨친 위대한 진인(眞人)이 육바라밀의 보살행[육도만행]과 합치되는 사랑과 자비를 여법하게 행하는 분은 천·지·인이 생겼다가 사라지는 129,600년 동안에 열 분의 부처의 모습으로 탄생하게 되므로 생칠팔구(生七八九)라고 하였다.

그런데 여기서 열[十]이 빠진 것은 앞서 일적십거(一積十鉅)에서 이미 열 분의 부처[明人=眞人=覺者=佛]를 언급했기 때문이다.

따라서 생칠팔구(生七八九)를 "일곱 부처와[七佛] 여덟째 부처[八佛=연등불]와 아홉째 부처[九佛=석가여래불]와 열 번째 부처[十佛=미륵불]가 탄생하고,"로 해석하게 된 것이다.

최치원 선생은 81자로 된 천부경 속에 천지 대자연의 운행 원리를 남김없이 담으려고 무던히도 애쓴 흔적이 보인다. 이 十설에서도 열[十]이라는 글자를 넣고 싶었지만 나머지 글자 중에서 딱히 생략할 수 있는 글자를 아무리 찾아보아도 찾을 수가 없다고 판단한 나머지, 이 구절에서 열[十]이라는 글자를 생략한 것으로 보인다.

만일 독자 여러분이 최치원 선생이라면 어떤 글자를 생략하면 좋을지 한번 곰곰이 생각해보시기 바란다.

여기서 일곱 부처란 인회(寅會)에 사람이 생겨난 이래 이 현상계의 지구촌에 오셔서 치세(治世)하신 부처님을 말한다.

과거 일곱 부처에 관한 기록은 응겁경(應刧經)에 나타나 있다.

『응겁경(應刧經)에 의하면, "혼돈이 처음 열리고 열 분의 부처님[十佛]이 교화를 담당하게 되니, 곧 칠불치세(七佛治世) 삼불수원(三佛收圓)이라. 묘회(卯會)에 하늘에서 부처님[佛]이 내려와 세상을 교화하니 ①남방 적애불(赤愛佛) ②북방 생육자(生育子) ③동방 갑삼춘(甲三春) ④서방 유장경(酉長庚) ⑤서북방 공곡불(空谷佛) ⑥동남방 용야불(龍野佛) ⑦동북방 계천불(繼天佛)이다.

칠불치세 이후 삼불수원이 있어 연등불(燃燈佛)이 팔불(八佛)로 응운(應運)하니 이를 청양기 초회 용화회(靑陽期 初會 龍華會)라 하고 1,500년간 천반(天盤)을 담당하며, 석가불(釋迦佛)이 九佛로 응운하여 홍양기 이회 용화회

(二會 龍華會)라 하니 천반을 3,000년간 담당하며, 미륵불(彌勒佛)이 십불(十佛)로 응운하니 이를 백양기(白陽期)라 하고 10,800년을 담당하니 미회(未會)에 그 수가 다하여 십불(十佛)의 치세가 원만히 이루어지게 된다."』라는 내용의 기록이 보이는데, 이를 도표로 그려보면 다음과 같다.

七佛治世 三佛收圓

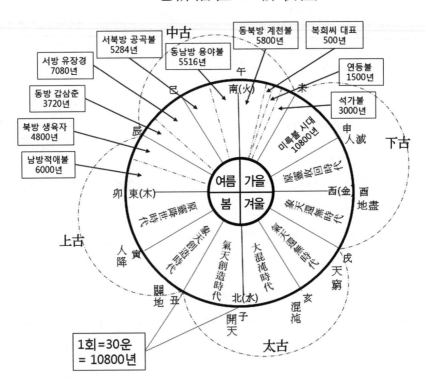

천지가 개벽한 이래로 혼돈에 이르기까지가 129,600년 곧 12회(十二會)가된다. 12회는 자회(子會)에서 해회(亥會)까지인데, 1회(一會)는 10,800년이

다. 앞의 6회(六會)는 무(無)에서 유(有)로 들어가고, 뒤의 6회(六會)는 유(有)에서 무(無)로 돌아간다. 이것은 1년의 춘·하·추·동과 같고 하루의 낮·밤과 같다. 하루의 낮·밤으로 보면 6시(六時=12시간)는 사람이 있고, 6시(六時=12시간)는 사람이 없다.

4계절로 보면 봄에는 낳고, 여름에는 기르며, 가을에는 거두고, 겨울에는 갈무리히므로, 하늘은 자회(子會)에서 얼리고, 띵은 축회(丑會)에서 열리며, 사람은 인회(寅會)에 생겨난다.

인회(寅會)는 봄으로서, 만물이 생겨나는 발동기(發動期)이지만 추수할 때가 되면 천도(天道)가 하강하여 널리 원령(原靈)을 거두어 무극이치의 하늘[無極理天]로 돌아간다. 이것은 음양의 기운이 순환하여 삼라만상이 생성·소멸되는 천기(天機)이며, 우주의 원리이다.

대저 나무에는 뿌리가 있고, 물에는 근원이 있음과 같이 우주의 근본 씨앗인 도(道)를 전하게 된 데에는 그 유래가 있다.

태고(太古)에 음양이 나뉘어지지 아니하고 소리와 냄새가 없어서 무어라고 이름붙일 수 없는 혼연한 하나의 덩어리가 있었으니, 이 선천(先天)의 원시상태를 혼돈(混沌=無極)이라 한다.

이 무극이 처음으로 열리어 천지가 비로소 정해지니, 곧 자회에 하늘이 열리고, 축회에 땅이 열리며, 인회에 사람이 생겨났다.

이 인회(寅會) 때에 원령(原靈)이 세상에 떨어져 사람의 뿌리가 심어졌다.

이 시기는 숲이 무성한 가운데 짐승들이 출몰하는 때로서, 사람과 짐승의 분간이 없었고 동굴에 거처하였으니 세상이 다스려지지 않았다. 사람이 비록 살고 있었다 해도 없는 것과 같았으므로 사람들이 모여 사는 문명세계를 이루지 못했다.

묘회(卯會)가 되어서는 하늘에서 성인을 내려 보내시어 세상을 다스렸는데, 곧 상제께서 원령들을 세상에 내려 보내시고 칠불치세(七佛治世)와 삼불수원(三佛收圓)을 정해 놓으신 것이다.

묘회(卯會)에 이르러 초불(初佛)이 남방에 강생(降生)하니 적애불(赤愛佛)이라 하였고, 중생의 영 중에서 가장 영특하였다.

이때는 사람과 짐승이 구분되지 않았던 시기로서, 머리에는 뿔이 나고 몸에는 털이 나 있었으며, 풀로써 음식을 삼았고, 언어는 있었으나 문자가 없었다. 이에 적애불은 세상 사람들을 교화하고 산과 섬[山島]을 개발하였으며 6,000년 동안 천반(天盤)을 맡았다.

이불(二佛)은 북방에 강생하니 생육자(生育子), 또는 생육불(生育佛)이라 하였다. 북방은 곤지(坤地)에 속하였으므로 생육(生育)하는 일을 맡았다. 이때는 사람과 짐승이 나뉘어 살았던 시기로서 양육(養育)하는 일을 지도하였고, 굴을 파서 그 속에서 살게[穴居] 하였다. 진회(辰會)에 이를 때까지 4,800년 동안 천반을 맡았다.

진회(辰會)가 되니 삼불(三佛)이 동방에 강생하여 갑삼춘(甲三春), 또는 갑삼불(甲三佛)이라 하였다. 삼춘(三春;봄 석 달 동안)은 퍽 따뜻하며, 동방은 따뜻한 기운이 많아 세상을 다스리고 백성을 가르치되, 풀과 나무[草木]를 배양하여 수풀을 이루게 하고, 나무를 서로 비벼 문질러서 불[火]을 얻게 하며,

나뭇잎을 옷으로 입게 하여 염치(廉恥) 잃음을 면케 하였다. 3,720년 동안 천반을 맡았다.

사불(四佛)은 서방에 강생하니 유장경(酉長庚), 또는 유장불(酉長佛)이라 하였다. 이는 서방경신금(西方庚辛金)을 취하여 얻은 이름이다.

세상을 다스리고 백성을 교화하여 땅을 일구고 밭을 경작하게 하였다.

백성들에게 언어[말]를 기르쳐 교회시키는 것을 종지(宗旨)로 삼았다.

사회(巳會)에 이를 때까지 7,080년 동안 천반을 맡았다.

사회(巳會)가 되니 오불(五佛)이 서북방에 강생하여 공곡신(空谷神), 또는 공곡불(空谷佛)이라 하였다. 서북쪽은 산골짜기[山谷]가 많고 하늘이 황량하여 텅 비어[虛空] 있으므로 세상을 다스리고 백성을 가르치되 산을 개척하여 돌을 들어내고, 황무지를 수리 보충하여 황량하고 허전한 하늘을 메꾸게 하였다. 5,284년 동안 천반을 맡았다.

육불(六佛)은 동남방에 강생하니 용야씨(龍野氏), 또는 용야불(龍野佛)이라 하였다. 용의 머리에 사람의 몸을 하고 있었다.

동남쪽은 물이 많아 물을 다스려 백성을 교화[治水敎民]하였으니, 도랑과 개천 그리고 강을 개척하여 물을 순조로이 바다로 돌아가게 하였으므로 강과 호수, 바다, 하천 등이 구분되어 생겨나게 되었다.

오회(午會)에 이를 때까지 5,516년 동안 천반을 맡았다.

오회(午會)가 되어 칠불(七佛)이 동북방에 강생하니 계천불(繼天佛)이라 하였다. 동북은 하늘에 연접하여 있는 까닭에 이를 취하여 계천입극(繼天立極: 하늘의 명령을 이어서 법도를 세운다)이라 하였다.

동북방은 찬 기운이 많아서 교화할 사람이 없었다. 그러므로 계천불(繼天佛)은 천지를 관측하여 천지의 음양이 무극(無極=混沌)에서 나뉘어 생긴 것임을 알았고, 태극(太極)의 기운이 음양을 변화해낸다는 것과 무극이 태극의 모체임을 알게 되었다. 이때는 아직 팔괘(八卦)가 그려지지 않았으니, 그것은 천지운행도수가 부족했기 때문이었다. 5,800년 동안 천반을 맡았다.

〈중국 산서(山西)의 대동부(大同府) 분양(汾陽) 효의현(孝義縣)에 있는 대상사(大相寺)와 마장(馬莊) 영촌(營村)에 있는 칠불사(七佛寺)가 위 사실을 충분히 증명하고 있다.〉

이 시대의 사람들은 짐승과 같은 얼굴[獸面]을 지녔으나 부처님과 같은 순수하고 착한[純善] 마음이어서 성품이 상천(上天)과 통하였다.

그리고 도(道)는 신불(神佛)에게 있었다.

그러나 세월이 흐르면서 본래 밝은 성품이 점차 물욕에 가려지고 혼미해져서 사람들이 무상한 홍진 사바세계를 탐내어 연연하게 되자, 상천에서 성인을 세상에 내려 보내어 교화를 열었으니, 지금으로부터 약 5,000년 전 복희씨께서 중원(中原)에 출현하여 대리불(代理佛)로 내려와 제왕으로 백성을 다스렸다(천반 500년).

복희씨는 하늘에서 보여준 용마하도(龍馬河圖)로 인해 위로는 하늘의 법칙을 본받고, 아래로는 땅의 이치를 관찰해서 최초로 팔괘(八卦)를 그려내어 천도(天道)의 오묘함을 나타내었으니, 이것이 도(道)가 내려온 시초가 된다.

뒤를 이어 요·순·우·탕·문·무·주공·노자·공자·증자·자사·맹자(청양기 연등불 응운시대) 및 석가·가섭 이후 동토 16대 유조(홍양기 석가불 응운시대)와 17대 로조, 18대 궁장·자계조(백양기 미륵불 응운시대)

에 이르기까지 면면히 이어져 내려오게 되었다.

칠불(七佛) 이후에는 삼불(三佛)께서 수원하게 되었다.
연등부처(燃燈佛)는 여덟째 부처[八佛]로서 운(運)에 응(應)하여 출세(出世)
수원(收圓)하니, 이때가 청양기(靑陽期)이다. 임금과 재상[君相]에게 도(道)
를 전하여 법을 천양(闡揚)하였으니, 첫 번째 용화회이며 1,500년 농안 전반
을 맡았다〈주목왕(周穆王) 52년에까지 이른다.〉.

석가부처[釋迦佛]는 아홉째 부처[九佛]로서 운(運)에 응하여 출세(出世)수원
(收圓)하니, 이때가 홍양기(紅陽期)이다. 스님과 선비가문[師儒家]에 도(道)가
전해져 상천(上天)을 대신해서 위로는 제왕에서부터 아래로는 서민들에 이르
기까지 다 교화하였으니, 두 번째 용화회이며 3,000년 동안 천반을 맡았다.

무극(無極)이 천지만물을 생하고 화육(化育)하기 시작하여 129,600년에 한
번의 일원(一元)을 마치게 되는데, 매회(每會)마다 기상(氣象)의 변천으로 인
하여 수기(數期)의 겁운(劫運)이 있게 되며, 자회(子會) 개천(開天)이래 지금까
지 약 6만여 년을 지나오는 사이에 삼기(三期)의 겁운(劫運)이 있는 것이다.
매기(每期) 마다 도(道)와 겁(劫)이 아울러 강세(降世)하게 되며, 도(道)가 광
대(廣大)해지면 겁(劫)이 소멸하게 된다.
그러므로 도(道)를 권하여 세상 사람들을 구하는 것이다.
사람은 도(道)로 말미암아 생(生)하고 자연히 도(道)의 근본으로 성장하는데,
만일 도(道)를 좇아 행하지 아니할 것 같으면, 반드시 겁운(劫運)이 생긴다.
도(道)에서 이탈하여 나간 즉 겁살(劫殺)이 있고, 도(道)에 합(合)한 즉 겁살

(劫殺)에 있지 아니하니, 겁살(劫殺)에서 벗어나기 어려운 것이 아니라 사람이 겁(劫殺)에서 벗어나는 길을 알지 못하는 것이다. 겁살에서 벗어나는 길, 즉 탈겁피난의 길은 우주의 근본 씨앗인 하나를 얻어 삼인일석(三人一夕 …修字를 破字한 것이다)으로써 자유자재한 밝은 사람이 되어야 가능하다.

인회(寅會)로부터 사람이 생겨나서 지금에 이르기까지 수많은 원자(原子)들이 나서는 죽고 죽어서는 나고 하는 과정에서, 이 홍진 사바세계에서 헛되이 영화를 탐내고 도모하여, 본래성령(本來性靈)을 잃고 미혹하여 어느 곳을 쫓아서 온 것을 알지 못하니, 다시 길을 찾아서 돌아가는 것을 알지 못하고 더욱 미매(迷昧)하여 세간 풍속이 쇠미(衰微)하고 인심의 험악함이 극에 달하였다.

이로 인하여 예전에는 없던 대겁(大劫)을 이루게 되니 이를 삼기말겁(三期末劫)이라 한다.

이때 안타깝게도 불교에서는 묘도(妙道)의 심인(心印)을 잃어버리고, 도교에서는 금단구결(金丹口訣)을 잃어버리고, 유교에서는 성리심법(性理心法)을 잃어버리니, 이제 다시금 그 참되고 바른 법[眞道正法]을 얻지 않을 수 없는 것이다.

그리하여 진전(眞傳)을 얻게 되는 날 반드시 유·불·선 삼교(三敎)를 같이 닦아 어느 한쪽으로 치우치지 않도록 해야 하는 것이다.

즉 유가의 예의를 행하고, 도가의 공부를 사용하고, 불가의 계행을 지켜야 하는 것이다. 이를 작게 쓰면 연년익수(延年益壽)하고, 크게 쓰면 가히 도(道)를 밝혀 진(眞)을 이루게 된다는 사실을 인식하여 행공입덕(行功立德) 하여야 할 것이다.

미륵부처[彌勒佛]는 열 번째 부처(十佛)로서 운(運)에 응(應)하여 출세(出世) 수원(收圓)하니, 이때가 백양기(白陽期)이다.

자항보도(慈航普渡)의 문이 열려 서민(庶民)에게 도(道)가 전해지고, 사람마다 마음을 밝혀 성품을 보게 되니, 성인을 이루고 부처를 이루며 신선을 이루게 된다.

마음은 천지 자연의 이치와 하나 되어 그 밝기가 해 · 달과 같으며,

가정을 가지고 있든 가정을 떠나 있든,

천하가 한 가족이 되고, 모든 나라가 한 마음이 되니, 부처와 성현의 세계가 이루어진다. 유교가 천양(闡揚)되는 세 번째 용화회(三會龍華)이며, 10,800 년 동안 천반을 맡았으며, 미회(未會)의 도수가 다할 때까지 이르게 된다.

미회(未會)의 도수가 다 차고 신회(申會)에 이르면 사람이 없게 되니 천반을 거두고 시불치세(十佛治世)는 완전히 끝나게 된다.

그렇다면 열 번째 부처[十佛]로서 미회(未會)의 운(運)에 응(應)하여 출세(出世) 수원(收圓)하시는 미륵부처는 언제 오시는가?

미래불인 미륵부처가 이 사바 세상에 오는 시기에 대한 자료를 부처의 말씀을 기록한 경전에서 찾아보면 일곱 가지가 설해져 있음을 알 수가 있다.

첫째, 증일아함경이나 화엄경, 법화경에 설해져 있는 3,000년 설을 들 수 있다.

둘째, 보살처태경과 현우경에 설해져 있는 5억76만년 설을 들 수 있다.

셋째, 미륵하생경이나 일체지광명선인경에 설해져 있는 5십6억만년 설을 들 수 있다.

넷째, 잡심론에 설해져 있는 5십6억7천만년 설을 들 수 있다.

다섯째, 정의경에 설해져 있는 5십7억6백만년 설을 들 수 있다.

여섯째, 증일아함경과 현겁경, 현우경에 설해져 있는 인간수명 8만세 설을 들 수 있다.

일곱째, 장아함경, 전륜성왕수행경, 증아함전륜경, 구사론에 설해져 있는 인간수명 8만4천세 설을 들 수 있다.

어느 설이건 각 유파의 스승으로부터 전승되어 내려오는 과정상의 이유와 계산하는 방식의 차이로 인하여 각 경전마다 표현의 차이점이 있고, 구전으로 내려온 바를 모아 확인하는 결집의 과정이 있었지만, 문자로 정립된 것은 불멸 후 200년 후의 일이다.

이와 같이 미륵부처가 이 세상에 오는 시기에 대한 일곱 가지의 설 가운데서 보다 합리적이고 보편타당한 설이 어떠한 설인가를 잠시 살펴보기로 하자.

5억76만년 설을 비롯하여 5십6억만년 설, 5십6억7천만년 설, 5십7억6백 만년설, 인간수명 8만세 설, 인간수명 8만4천세 설은 오늘날 인간의 의식세계에서 가늠할 수 있는 시간대가 아니다.

현재 주류 과학자들은 지구의 나이를 45억~46억년으로 주장하고 있지만 일부 과학자는 4만~5만년에 불과하다는 주장도 내놓고 있다.

따라서 석가부처가 우리 인류에게 현재 지구의 나이보다 더 많은, 까마득히 오랜 세월동안을 미륵부처가 오기만 기다리라는 희망을 주었다는 내용은 신빙성이 없다. 결국은 3천년설이 더 설득력 있고 합당하다고 보아진다.

이 3천년설을 뒷받침하는 미륵부처의 강세시기에 한 기록은 《법화경》에 있는데, 그 내용은 다음과 같다.

「나의 법이 정법(正法)과 상법(像法)과 말법(末法)의 시간대로 전개되는데, 정법천년 동안에는 스님들이 도를 잘 닦아서 수승한 근기 속에서 도를 통하는 사람이 많이 있을 것이요, 상법 천년 동안에는 나의 법은 좀 쇠퇴하지만 그래도 모양은 유지하게 될 것이요, 말법 천년 시대가 지나면 새로운 부처가 상세하시리니 그때 너희들은 그들 쫓게 되리라.」

이 3천년 설에 입각하여 미륵부처의 출현 시기를 알아보려면 우선 석가부처의 탄생 시기를 살펴보아야 한다.

석가부처의 탄생 년대는 몇 가지 설이 있다.

첫째는,

《전등록(傳燈錄)》을 살펴보면 다음과 같은 기록이 나온다.

중국 주(周)나라 소왕(昭王) 26년(BC 1027년) 4월 8일 돌연히 강물이 넘치고 땅이 진동하더니, 하늘에 오색광채가 서렸다. 이상히 여긴 왕이 점을 쳐보니 '서쪽에 있는 어떤 나라에 성인이 태어날 징조'라고 하였다. 그때 석가모니가 중인도의 카필라성에서 태어났다.

또한 탄생 년대는 2년 차이가 나지만, 《주서이기(周書異記)》라는 책에 따르면 '주소왕(周昭王) 24년(BC 1029년) 갑인년 4월 8일 강하천지가 홀연히 팽창하고 우물이 모두 넘쳤는데 그날 밤 다섯 가지 색깔의 빛이 서쪽 하늘에서 빛났다. 왕이 태사 소유에게 이유를 물으니 성인이 서방에서 났기 때문이다.'라고 했다는 것이다.

우리나라에서도 1962년까지 약 1600년간 계속 《전등록(傳燈錄)》에 근거한

이 〈북방불기설〉을 따르고 있었다.

둘째는,

인도 마우리아왕조의 제3대 왕인 아쇼카(阿育, Aśoka)왕의 즉위 연대를 기준으로 하는 것인데, 아쇼카왕[阿育王]의 즉위연대는 BC 268년 설이 유력하다. 스리랑카의 역사서인 디빠방사(Dipavamsa 島史) 등에 의하면 불멸(佛滅) 후 218년에 아쇼카왕이 즉위했다고 한다.

그렇다면 석가부처는 BC 486년(268+218=486)에 열반한 것이 된다. 따라서 석가부처가 80년 살았다면 486+80하여 탄생년도는 BC 566년이 된다.

한편, 스리랑카는 자국의 역사서를 기준으로해서 아쇼카왕의 즉위 연대를 BC 326년으로 보고, 1956년을 불멸(佛滅) 2천5백년으로 계산해서 1956년에 불기佛紀 2500년을 축하하는 행사를 열었다.

그리고 1956년 11월 15일 네팔의 수도 카트만두에서 개최된 제4차 세계불교도우의회(WFB: World Fellowship of Buddhists 스리랑카의 수도 콜롬보에서 창립된 영향력있는 국제 불교단체)에서 마침내 각국의 통일적 불기 사용을 위해 보다 역사적 사실에 가까운 스리랑카의 역사서를 기준으로 한 이 남방불기를 사용하기로 의결함에 따라 현재 남방불교국가들이 기념하는 불기는 이 〈남방불기설〉을 기준으로 하게 되었다.

당시 이 회의에 한국 대표로 처음으로 참석했던 효봉, 동산, 청담스님은 세계 각국의 대표들이 채택한 불기가 역사적인 사실에 가깝다고는 하더라도 우리나라에서 쓰고 있는 북방불기와는 무려 483년의 차이(우리나라가 483년이나 앞섬)가 나므로 귀국하여 이 문제를 논의하였다.

그러나 기존에 쓰고 있던 북방불기에 한 향수도 많았고, 주체성 없이 남의 나라 불기를 따라갈 필요가 있느냐는 스님도 많았을 뿐만 아니라, 지금까지 쓰고 있는 북방불기도 경전의 전거에 의해서 사용했던 것이고, 또 중국이나 일본도 북방불기를 사용한 적이 있었기 때문에 남방불기 사용에 관한 문제는 한동안 잠잠했다.

그러다가 1960년 중반 이후, 농남아 불교국가들과의 교류가 점차 활발해지면서 우리도 세계의 통일된 불기를 써야하지 않느냐는 당위론이 우세하기 시작하여 1966년 8월 11일, 조계종 임시 중앙종회에서 불기 연대통일에 관한 안건을 토의하여 1967년 1월 1일부터 새로운 남방불기를 사용하기로 한 것이다.

당시 우리 불교계는 정통 불교의 법맥이 달마를 통해 넘어오는 과정을 보아 《전등록(傳燈錄)》에 기록된 북방불기를 계속 사용하는 것이 마땅함에도 불구하고, 왕조중심의 남방불기를 채택하여 미륵부처의 강세시간대를 조작하는 우를 범한 것이라고 생각된다.

우리나라가 북방불기를 사용했다는 증거는 오래된 사찰의 초석(礎石)을 보면 확인할 수가 있다.

따라서 《전등록》에 기록된 주(周)나라 소왕(昭王) 26년(BC 1027년)을 기준하여 계산하면, 1974년[甲寅]은 불기가 3001년이 되고, 2018년은 불기3045년이 된다.

따라서 현재는 이미 석가불 3000년 법운(홍양기)이 다하여 지나갔고, 인연 있는 모든 일반 서민들에게 법맥이 전승되는 자항보도(慈航普渡)의 미륵불 10,800년 법운(백양기)이 도래한 것이다.

즉 오회(午會)의 도수가 다하고 미회(未會)로 교체되었으니, 미회(未會)에서 신회(申會) 사이의 10,800년 미륵불시대가 된 것이다.

미회(未會)에서 신회(申會) 사이의 10,800년 미륵불시대를 다른 말로 바꾸면 메시야시대라고 할 수가 있다.

미륵불이라 할 때의 미륵(彌勒)이라는 말은 잘 알려져 있듯이 인도 범어 마이트레야(Maitreya)의 한자 음역이다. 마이트레야(Maitreya)의 어원은 미트라(Mitr)이다.

미트라(Mitr)는 고대 인도나 이란, 페르시아 로마 등지에서 고대에 절대적인 신으로 섬긴 광명신, 태양신의 이름으로 알려지고 있으므로,

서양의 종교[西敎]에서 구세주의 뜻으로 쓰이는 메시아(Messiah)의 어원이 미륵과 동일한 어원인 미트라(Mitr)로 보기도 한다. 그래서 메시야 즉 구세주에 대한 어원이 같은 것은 동·서양에서 제각기 기다리는 구세주[메시야]가 하나라는 이야기도 된다.

따라서 미회(未會)에서 신회(申會) 사이의 10,800년의 미륵불시대는 바로 메시야시대라고 할 수가 있다.

《미륵하생경》에는 「말법시에는 하늘에 계시는 미륵불이 바다로 에워싸인 동방의 나라에 강세하리니, 그때는 기후가 고르고 사시가 조화되며 여러 가지 병환이 없어지고 인심이 후하여, 다 한 뜻이 되는 세상이 열리니 이는 곧 우주의 질서가 개벽이 되는 말법시에 이루어질 미륵불의 출세소식이로다.」라고 전하고 있으며,

원효사의 아들이자 신라 때 일곱 성인[七聖]의 한 사람이었던 설총은 《설총

결)에서 미륵존불께서 이 땅에 강세하시리라는 구원의 소식을 이렇게 전하고 있다.

漢陽之運過去際에 龍華世尊末代來라

한양의 운수가 끝날 무렵 용화세존이 말법 시대에 오시리라!

이를 알리기라도 하듯이 현재 우리나라 곳곳에서는 3천년 만에 한 번씩 꽃을 피운다는 우담바라 꽃이 피어나고 있다. 석가부처 열반 이후 우담바라 꽃이 피었다는 기록은 한 곳도 없다. 그런데 불기 3천년 만에 우담바라가 핀다는 전설이 지금 우리나라에서 현실화되었다는 것이다.

《무량수경》에도 '우담바라가 사람의 눈에 띄는 것은 상서로운 일이 생길 징조이다.'라고 하였다. 우연의 일치인지는 몰라도 격암유록과 정감록 등 비결서에도 '진사성인출(辰巳聖人出)'이라고 하였는데, 1977년 바로 丁巳년에 제세활인(濟世活人)할 성인(聖人=昆水谷人)이 출세하여 현재까지 인연있는 사람들을 찾아 탈겁피난의 길로 인도하고 있다.

과학자들은 우담바라는 풀잠자리알에 불과하다고 주장한다. 그렇다 해도 《한국불교사전》에는 "풀에 잠자리(청령蜻蛉)의 알(난자)이 붙은 것"이 우담바라라고 정의한다. 라고 되어 있고,
동아한한사전(동아출판사)에도 "풀잠자리(초부유草蜉蝣)의 알"이 우담바라라고 되어 있으므로 풀잠자리 알이 불교에서 얘기하는 우담바라와 다르지 않다는 것을 확인할 수가 있다.

인간들은 인류가 이 땅에 살기 시작한 이후부터 지금까지 경험한 무수한 업의 유전자를 후손들을 통해 물려주었다. 그래서 우리 머릿속 뇌세포의 뉴런에는 수만 년 동안 지속된 인류의 집단 경험, 전생의 업, 한 인간이 태어나 겪은 유년기의 체험, 청년기에 생각을 통해 체계적으로 정리하여 저장한 수많은 기억들이 저장되어 있는데, 이것이 아뢰야식이다.

따라서 과거 일곱 부처[七佛]와 삼불을 합친 열 분의 부처[十佛]는 인류가 수만 년 동안 생사를 거듭하면서 태어나면서부터 죽을 때까지 삶속에서 증장(增長)한 수많은 기억[업종자]들이 저장된 잠재의식 속에 이미 내재되어 있는 진실하여 변함없는 진여의 성품, 불성(佛性)이자 여래장(如來藏)인 한마음[一心]을 여실히 드러내어 보여주고, 중생들로 하여금 청정한 진여(眞如) 자성의 세계를 깨달아 들어가게 하는 가르침을 설하여 치세(治世), 수원(收圓)한다는 것이다.

 運三四成環五七 ＊運:운수 운. ＊環:둥근 옥, 고리 환.
운 삼 사 성 환 오 칠

▶ 천지음양의 도수(三×四=12會=129,600년)가 조화롭게 운행하니 삼라만상을 생성하고 소멸시키는 우주의 창조원리는 모두 12會, 즉 일원(一元)이라는 둥근 고리를 이루어 끝없이 계속 돌며 순환하니

⋯ 運三四成環五七;
운 삼 사 성 환 오 칠

이 구절이 천부경 중에서 가장 해석하기 어려운 부분이다.

수많은 학자들이 천부경의 온전한 해독에 매달리면서 동원한 철학사상은 삼대(三大)와 사상(四象), 오행과 북두칠성, 삼법인과 사성제, 오온과 칠식, 오력과 칠각지 등등 이루 다 열거할 수 없을 정도이다.

그러므로 천부경의 내용을 제대로 해석하려면, 환인천제께서 천부인 3개와 함께 물려주신 이 천부경은 기록상으로 BC 3,898년 곧 지금으로부터 약 6,000년 전의 일이며, 환인천제께서 다스리시던 한민족 최고(最古)의 나라로 알려진 환국(桓國)에서 만백성을 교화하는 인간적 전인교육(全人敎育)과 홍익인간을 위하여 구술(口述)로 훈화(訓化)되던 진경(眞經)이었다는 점과 이후 환웅의 명으로 신지(神誌) 혁덕(赫德)에 의해 최초로 기록된 녹도문(鹿圖文)의 내용을 잘 살펴보아야한다는 점, 그리고 최치원 선생이 한문으로 번역해 묘향산 암벽에 음각해 두었던 천부경의 내용을 모두 잘 연관 지어서 해독해야 한다고 생각한다.

따라서 여기서 말하는 운삼사(運三四)는 "셋·넷이 움직인다. 또는 셋·넷이 운행한다."로 해석할 수 있다.

이때의 셋·넷(三四)은 陽(三: 남자=사내)과 陰(四: 여자=계집)이니, 곧 운삼사(運三四)는 '음양이 조화롭게 운행함'이며, 숫자로는 '三×四=12, 곧 '12會(129,600년)라는 천지음양의 도수가 조화롭게 운행함'을 의미한다.

따라서 운삼사(運三四)는 "천지음양의 도수(三×四=12會=129,600년)가 조화롭게 운행하니," 라는 의미가 되는 것이다.

이와는 조금 다르게 해석한다면, '천·지·인 삼태극(三太極)과 우주의 기운[氣]인 넷[風·火·水·土]이 조화롭게 움직인다.'라고 해석할 수도 있을 것이다.

성환오칠(成環五七)이란, 운삼사(運三四), 즉 천지음양의 도수가 조화롭게 운행하는 것이 마치 작은 달[小月]이 다섯 개이고 큰 달[大月]이 일곱 개가 되어 모두 열두 달, 즉 1년이 되는 이치와 같다는 것이다.

따라서 성환오칠(成環五七)은 "삼라만상을 생성하고 소멸시키는 우주의 창조원리는 모두 12會, 즉 일원(一元)이라는 둥근 고리를 이루어 끝없이 계속 돌며 순환한다." 는 뜻으로 해석된다.

환국(桓國)의 문자인 녹도문으로 살펴본 다섯[五]과 일곱[七]은 〈땅 위에 만물[다]이 생겨나다[섯].〉 는 의미와 〈일어나서[일] 굽는다[곱].〉 는 의미이다.

여기서 '일어난다[일].' 는 것은 '생겨난다.' 는 뜻이고, '굽는다[곱].' 는 '죽는다. 소멸한다.' 는 뜻이므로, 일곱[七]은 〈생겨나서[일] 소멸한다[곱].〉 는 의미이다.

따라서 이 의미를 붙여서 성환오칠(成環五七)을 해석하면 "땅 위에 만물이 생겨나고 소멸되는 우주의 창조원리가 둥근 고리를 이루듯이 끝없이 계속 돌며 순환한다." 는 뜻이 되는 것이다.

 一妙衍萬往萬來　　＊ 妙: 묘할 묘.　＊ 衍: 넘칠 연.
일 묘 연 만 왕 만 래

▶ 명사의 일지점으로 만교를 관통하는 오묘한 하나의 진리[一指妙道]를 얻어 깨친 이가 온 누리에 넘쳐나고, 그 가르침을 배우러 지구촌의 수많은 사람들이 왕래하느니라.

···▶ 一妙衍萬往萬來;
일 묘 연 만 왕 만 래

지구촌에 있는 모든 종교는 우주의 근본 씨앗인 하나의 진리[道]에서 나왔으므로, 이 만교를 관통하는 하나의 진리[道]가 열 번째 부처인 미륵불시대를 만나면, 누구나 다 하나의 진리[道]를 얻을 수 있는 대개보도(大開普渡: 크게 열어 널리 제도함)의 시기가 되었다는 의미이다.

현재 미륵불시대가 도래하여 대개보도(大開普渡)하는 시기가 되었고, 앞으로 하늘에서 3,600성인과 48,000현인을 선발하여 지상 활불세상 곧 대동세계가 이루어지므로, 인연 있는 사람이라면 누구든지 도를 구해서 깨달은 사람(覺者=佛)이 되고, 3,600성인과 48,000현인의 반열에 오를 수 있으니 자연히 깨친 사람이 신묘하게 온 누리에 넘쳐나게 된다.

이와 같이 우주의 근본씨앗인 하나[道]란 만교(萬敎)를 관통하므로 일관(一貫)의 하나[道]인 것이다.

하늘이 하나[道]를 얻기에 맑고, 땅이 하나(道)를 얻기에 편안하며, 사람이 하나[道]를 얻기에 성(聖)이 된다.

여기서 깨친 사람이란 覺者, 佛, 明人, 善知識, 眞人 등으로 부르는데, 곧 하나[道]를 얻어서 수도(修道)하여 확철대오(確徹大悟)한 분으로서 능히 음양을 조화롭게 다스려 천지의 법도를 세운다.

따라서 일묘연(一妙衍)이란 "명사의 일지점으로 만교를 관통하는 오묘한 하나의 진리[一指妙道]를 얻어 깨친 이가 온 누리에 넘쳐나고," 라는 해석이 되는 것이다.

그러므로 명사의 일지점을 통해서 만교를 관통하는 오묘한 하나의 진리를 얻어서 깨친 사람이 되고, 나아가 3,600성인과 48,000현인의 반열에 오르기 위해 지구촌의 수많은 사람들이 하나의 진리[道]에 대한 가르침을 얻기 위해 우리나라를 왕래하게 된다는 것이다.

따라서 만왕만래(萬往萬來)는 "그 가르침을 배우러 지구촌의 수많은 사람들이 왕래하느니라." 라는 해석이 되는 것이다.

用變不動本
용 변 부 동 본

* 變: 변할 변.

▶ 하나의 진리[道]를 표현하여 사용하는 방식은 변화해도 늘 변동이 없는 것은 본래마음자리요.

⋯ 用變不動本;
용 변 부 동 본

우주의 근본 씨앗인 하나의 진리[道]를 표현하여 사용하는 방식은 수천 년을 지나오면서 종교마다 다양한 방식으로 변화하였다.

지구촌에 퍼져있는 종교는 크게 다섯 가지 종교로 분류할 수 있다.

이 다섯 가지 종교[五敎]의 성인(聖人)들은 서로 다른 지역에 태어나서 자신들이 깨달은 하나의 진리[道]를 약간씩 다르게 표현하였다.

예를 들면 불교의 석가가 사용한 불성(佛性)이라는 표현을 유교에서는 천부지성(天賦之性), 도교에서는 곡신(谷神), 기독교에서는 영상(靈爽), 회교에서는 진재(眞宰)라는 표현으로 사용하였는가 하면, 불교의 석가가 사용한 극락(極樂)이라는 표현을 유교에서는 성역(聖域), 도교에서는 천당(天堂), 기독교에서는 천국(天國), 회교에서는 등소(登宵)라는 표현으로 사용하였다.

이것 외에도 불교의 자비(慈悲), 기독교의 박애(博愛), 유교의 충서(忠恕) 도교의 감응(感應) 등도 사랑이라는 말을 각 종교에서 다르게 표현한 것이다. 이와 같이 오교(五敎)의 성인들이 사용한 가르침의 표현방식은 시대와 지역에 따라 변화해온 것이다.

그러나 늘 변동이 없는 것은 본래마음자리이다.
이 본래마음자리를 표현하는 방식도 역시 오교마다 서로 다르게 표현하고 있다.
유교에서는 생아지문 사아호(生我之門 死我戶), 황중통리(黃中通理). 기독교에서는 소상제 십자가(小上帝 十字架), 좁은 문, 이마에 치는 인. 불교에서는 서방정토 영산(西方淨土 靈山), 불이법문(不二法門), 정법안장. 도교에서는 십자대가 현관규(十字大街 玄關竅), 현빈지문(玄牝之門). 회교에서는 진주인 공가(眞主人 空家), 청진(淸眞)이라는 용어를 사용하였다.

하지만 그 본래마음자리는 수많은 세월이 흘러도 늘 변함없이 이◉ 한 자리에 있다.
따라서 용변부동본(用變不動本)은 "하나의 진리를 표현하여 사용하는 방식은 변화해도 늘 변동이 없는 것은 본래마음자리요." 라고 해석되는 것이다.

本心本太陽
본 심 본 태 양

▶ 본래마음은 원래 태양처럼 크게 밝은 빛이니

⋯ 本心本太陽;
본 심 본 태 양

여기서 말하는 본심(本心)이란 우주의 근본 씨앗인 하나[一]요, 본래마음 또는 본래면목이다. 즉 우주의 근원으로서 끝이 없는 무극(無極)이요, 중심자리[中]의 한마음[一心]인 것이다.

앞서 천부경 첫 구절에서 언급한 일시무시일(一始無始一)의 그 하나[一]인 것이다. 그래서 다시 한 번 본심[本心]이라는 용어로 바꾸어서 말해보면, 천지가 있기 이전에도 이 본래마음(本心)은 있었고, 천지가 생긴 후에도 이 본래마음[本心]은 여전히 존재하고 있다. 이 본래마음[本心]은 오직 황홀하여 일정한 형상이 없으니 있다고 말할 수도 없고, 삼라만상이 다 그것을 얻음으로써 비로소 존재하니 없다고 할 수도 없다.

이 본래마음[本心]은 시작도 끝도 없이 원래 존재하는 삼라만상의 본체로서, 이 현상계에서 일어나는 모든 생명과 모든 현상은, 끝이 없는[無極=眞空] 이 본래마음[本心]에 뿌리를 박고 있다.

이와 같이 본래마음[本心]은 바로 우주의 근본씨앗인 하나[一]이니, 말과 문자로 나타내기 이전의 원래 태양처럼 크게 밝은 생명의 빛이다.

따라서 본심본태양(本心本太陽)을 "본래마음은 원래 태양처럼 크게 밝은 빛이니" 라고 해석하게 된 것이다.

昻明人中天地一
앙 명 인 중 천 지 일

* 昻: 높을, 밝을 앙.

▶ 사람의 몸 가운데 있는 천지우주와 똑같은 하나의 본래마음[本心]을 높
  이 드러내어 밝혀야 할 것이니라.

···▶ 昻明人中天地一;
    앙 명 인 중 천 지 일

이 구절의 해석도 다양하다.

대부분은 "밝음을 우러러라. 사람 속에서 천지가 하나가 된다. 또는 천지 중
에 으뜸이다." 로 해석하는데, 이것은 앙명(昻明)을 먼저 해석한 결과이다.

간혹 "밝은 사람은 타고난 천지인의 기운을 온전하게 수양한 사람이니 우러
러보고 공경하여야 한다." 로 해석하기도 하는데, 이것은 명인(明人)을 한
단어로 보고 해석한 결과이다.

앙(昻)은 '밝다. 높다. 오르다. 들다.' 등의 뜻으로 쓰이는데, 여기에서는 '높
이 드러내다.' 는 뜻으로 해석하는 것이 적절해 보인다.

그래서 앙명(昻明)은 '높이 드러내어 밝혀라.' 로 해석해야 적절하다고 본다.

문제는 인중천지일(人中天地一)에 대한 해석이다.

사람은 소우주이다.

사람에게 두 눈이 있다면 하늘에는 해와 달이 있다.

사람에게 남자와 여자가 있다면 하늘엔 음(陰)과 양(陽)이 있다.

사람에게 사지(四肢: 두 팔, 두 다리)가 있다면 하늘엔 춘하추동이 있다.

사람에게 360골절이 있다면 하늘엔 360일이 있다.

사람에게 18절[굽이]의 소장이 있다면 하늘엔 18도(度)가 있다.

사람에게 24절[굽이]의 대장이 있다면 하늘엔 24절기가 있다.

사람에게 눈 · 귀 · 코 · 입 네 문이 있다면 하늘엔 동서남북 네 방위가 있다.

사람에게 희 · 노 · 애 · 락이 있다면 하늘엔 풍(風) · 운(雲) · 뇌(雷) · 우(雨)가 있다.

사람에게 오장육부가 있다면 하늘엔 오두육성(五斗六星)이 있다.

사람에게 인후의 뼈마디가 12개가 있다면 하늘엔 12회(十二會)가 있다.

사람에게 팔만사천 털구멍이 있다면 하늘엔 팔만사천개의 별이 있는 등 사람은 바로 우주의 축소판인 것이다.

이와 같이 사람과 우주대자연은 하나이니, 사람이 곧 우주이고 우주가 곧 사람인 것이다. 즉 사람은 미시적 우주요, 우주는 거시적 사람인 것이다.

또한 천지우주대자연은 모두가 한마음[一心=本心]의 작용으로 생성되었다가 소멸되므로(析三極無盡本) 한마음[一心=本心]이 곧 천지우주요, 천지우주가 곧 한마음[一心=本心]인 것이다.

그러므로 사람 몸 가운데는 천지우주와 똑같은 하나의 본래마음[本心]이 있는 것[人中天地一]이다.

따라서 앙명인중천지일(昻明人中天地一)은 "사람의 몸 가운데 있는 천지우주와 똑같은 하나의 본래마음[本心]을 높이 드러내어 밝혀야 할 것이니라."로 해석되는 것이다.

一終無終一
일 종 무 종 일

* 終: 끝날 종.

▶ 하나라는 우주의 으뜸이 되는 근본씨앗[一元]의 작용이 한차례 끝나도
그 일원은 끝을 알 수 없는 일원이니라.

···▶ 一終無終一;
　　일 종 무 종 일

이 마지막 구절에서 언급하는 일(一)의 의미 역시 정사각형으로 배열된 81
자 천부경의 네 모서리에 위치한 일(一), 무(無), 중(中), 일(一)이다.
즉 하나[一]란 무(無)요, 중(中)으로서의 하나[一]라는 것이다.
다시 말해서 이 하나[一]라는 것은 우주의 으뜸이 되는 근본 씨앗[一元]으로
서 끝이 없는 무극(無極)이요, 중심자리[中]의 한마음[一心] 진여(眞如)라는
뜻이다.
아울러 우주의 근본 씨앗인 이 하나[一]는 천부경의 끝부분에서 언급하고
있는 본래마음[本心]이니, 이 본래마음은 원래 태양처럼 크게 밝은 빛[本心
本太陽]이라고 천부경은 설명하고 있다.

이 하나를 불교의 금강경에서는 금강반야(金剛般若), 일합상(一合相)이라
하였고, 유교에서는 명덕(明德), 중용(中庸), 황중통리(黃中通理)라 하였으
며, 선교(仙敎=도교)에서는 곡신불사(谷神不死), 무하유[無何有; 장자가 말
한, 어떠한 인위도 없는 자연 그대로의 낙토(樂土)]라고 하였다.
현상계의 우주 대자연은 숫자로 나타내기 이전의 생명의 빛이고, 끝이 없는
[無極] 중심자리[中]인 우주의 으뜸이 되는 하나의 씨앗[一元]에서 시작되었

지만(一始), 이 하나의 으뜸씨앗[一元]은 셋으로 나누어졌다가[析三極] 다시 처음으로 돌아가는 끝없는 작용을 하면서 천지우주를 생성·소멸시킨다.

그러므로 하나의 으뜸씨앗[一元]의 작용으로 현상계의 우주대자연이 한차례 시작됨[一始]이 있으면 반드시 한차례 끝남[一終]도 있게 되는 생·주·이·멸의 움직임(1주기=129,600년)이 있는 것이다.

그러나 이 하나라는 우주의 으뜸이 되는 근본씨앗[一元]의 작용은 끝없이 계속 쉬지 않고 반복하므로, 그 시작을 알 수 없는 하나[無始一]임과 동시에 그 끝도 알 수 없는 하나[無終一]인 것이다.

이 천지우주와 똑같은 하나의 본래마음(本心)을 늘 드러내어 밝힌다면 다음과 같은 자신만의 피리소리도 불 수 있을 것이다.

길을 애써 찾지 않는 건
길이라 말하는 이 물건이 바로 길(道)이기에

멘토(스승)를 애써 찾지 않는 건
내 눈 앞에 멘토가 늘 나타나므로

깨자(覺者)도 중생도 되지 않는 건
깨자도 중생도 본래 없는 하나이니까

더 이상
행복도 구하지 않고
불행도 피하지 않는 건
행복도 불행도 마음에 달렸기 때문이네.

난 이제
삶도 죽음도 고민하지 않네.
봄이 오면 꽃이 피고
가을 되면 꽃이 지니까

이런 말 저런 말 주고받을 때
심오한 도리가 들어있어야 하나?

숨 쉬거나 꽃을 볼 때
무슨 말이 필요할까?

물소리 바람소리 들을 땐
무슨 생각이 꼭 일어나야 하나?

목이 마를 땐 물을 마시고
잠이 올 땐 그저 잘 뿐……
허공에 걸린 달이 호수바닥에 누워 환하게 웃고 있네.

"홍길동도 어려울 때 팔괘를 펼쳤다!"

"당신이 지금 선택의 기로에 서 있다면

곧바로 만나야 할 최고의 멘토!!!"

앞날이

궁금하면

나의
미래 엿보기

【나의 미래 엿보기】를 보기 전에 필히 알아 두어야 할 내용

사람이라면 누구든지 자신의 앞날을 매우 궁금해 한다. 즉 자신이 투자한 주식이, 자신이 취직하려는 회사의 면접 결과가, 진학하고자 하는 대학시험의 합격여부가, 자신이 원하는 사람과 결혼할 수 있을지 여부가, 자신이 벌이려하는 사업의 성공 여부가, 자신이 소송한 재판의 승소 여부가, 자신이 팔고자 하는 부동산의 매매 여부 등등이 매우 궁금한 것이다.

만일 우리가 앞날을 미리 알 수만 있다면, 자신이 현재 취하고 있는 우유부단한 태도와 불안한 방황을 끝내고 보다 나은 자기 운명을 향한 명확한 결정을 내릴 수가 있을 것이다.

이 책은 사람과 사람들 사이에서 일어나는 복잡 미묘한 사건들에 대해서 보다 현명하고 슬기롭게 대처하여 자신의 인생을 보다 더 즐겁고 행복하게 만들어나갈 수 있게끔 하는 데 그 목적이 있다. 이 책의 정확성 여부는 독자 여러분께서 직접 경험해보면 알게 될 것이다.

이 〈나의 미래 엿보기〉는 자신이 추구하는 행복의 길을 저마다의 소질에 따라 꾸준히 성실하게 걸어가는 사람들에게 초점이 맞춰져 있으므로, 반드시 간절한 마음을 가지고 올바르게 사용하여야 한다.

만일 이 책 내용을 장난삼아 실험해본다든지, 사람의 도리에 어긋난 나쁜 목적으로 이용하는 등 세상을 어지럽히고 사람들을 미혹하게 한다면, 그 정확성을 절대로 보장할 수 없을 뿐만 아니라, 자신이 행한 잘못된 행위에 대한 과보를 톡톡히 치르게 될 것임을 분명히 밝혀둔다.

이 〈나의 미래 엿보기〉는 요행을 바라든지 한탕주의에 사로잡힌 마음으로 보아서는 안 된다.

또한 알려주는 결과에 대해 과신하여 경망스럽거나 게으른 태도를 취하면 그 결과를 장담할 수가 없으며, 반드시 자기 자신이 하려는 일에 최선을 다하는 삶의 자세를 가져야 함을 요구한다.

또한 독자 여러분이 〈나의 미래 엿보기〉를 알아본 결과, 자기 자신이 마음속으로 바라는 내용이 아니라고 실망해서 또다시 반복해서 알아보는 것은 정확성을 상실하게 된다는 사실을 미리 밝혀둔다.

· 올해 나의 건강운세는 어떨까?

· 이 회사에 취직하려는데 합격할까?

· 이 사람과 혼인은 성사될까?

· 올해 이사해도 될까?

· 아이 출산은 원만히 잘 될까?

· 올해 사업경영은 잘 될까?

· 내가 투자한 주식에 대한 금전 운은 어떨까?

· 이 주식은 매매하면 어떨까?

· 내가 올해 배추농사를 지으면 금전적인 이득을 볼까?

· 내가 마음에 꼭 드는 식당을 계약하려하는 데 성사가 될까?

· 내가 소송한 송사에 승소할까?

· 집나간 아내(남편)는 돌아올까?

· 올해 승진하고 싶은데 소망대로 될까?

· 미국에 유학한 아들의 건강은?

· 이번 달에 유럽여행 가려는데 어떨까? 등등

한 번에 하나의 일만을 묻되, 감정이 격분했을 때는 묻지 말며 차분한 평상심과 그 결과를 순순히 받아들이는 마음이 되었을 때 〈나의 미래 엿보기〉를 펼쳐보아야 한다. 만일 순리적이고 간절한 진심이라면 반드시 명쾌한 해답을 얻을 수 있을 것이다.

【나의 미래 엿보기】를 보는 방법

1. 먼저 자신이 알고자 하는 내용을 구체적으로 명확하게 물어야 한다.

   오늘 일어날 일이든, 한 달 뒤의 일이든, 6개월 뒤의 일이든 관계없이 보다 구체적이고 정확하게 물어야 한다.

   만일 여러분이 한 달 뒤 며칠(몇 주)간의 유럽여행을 갈 예정이라면, "한 달 뒤 ○월○일에 출국하는 유럽여행은 가도 될까?" 라고 물으면 된다.

   그리고 막연히 "사업운세가 어떨까?" 라고 묻기보다는, 구체적으로 "어떤 계통의 사업을 시작하려 하는데 사업운세가 좋겠는가?" 라고 물어야 한다. 또한 사업도 사업하는 장소에 따라 운세가 다르므로, "사업을 A 장소에서 경영하면 좋은가? 아니면 B 장소에서 경영하면 좋은가?"를 구분해서 물어봐서, 좋다고 나오는 장소에서 사업경영을 하여야 한다.

2. 어떤 일에 대한 미래가 궁금하여 알아보려는 생각으로 가득 찬 지금 이 순간이 바로 미래 결과를 미리 추측할 수 있는 결정적인 시각이다.

만일 여러분이 〈한 달 뒤 ○월○일에 출국하는 유럽여행은 가도 될까?〉라는 궁금증이 생겨서 마음속으로 꼭 알아봐야 되겠다고 결정했다면, 그생각을 하게 된 시각을 정확히 알아보아야 한다. 따라서 "한 달 뒤 ○월○일에 출국하는 유럽여행은 가도 될까?"를 물어봐야 되겠다고 마음속으로 결정한 바로 그때, 여러분은 바로 핸드폰을 들고 자신이 살고 있는 지역 번호와 116번을 누르면,

"국내시각 안내는 1번을" 누르라고 말하는데, 그 때 1번을 누르면, "다음시각은 오전 ○시 ○분 ○초입니다." 라는 시각을 알려주는 메시지가 나온다.

3. 만일 핸드폰에서 알려주는 현재시간이 오전 10시30분 20초라면, "한 달뒤 ○월○일에 출국하는 유럽여행은 가도 될까?"에 대한 〈나의 미래 엿보기〉의 괘상과 괘번은 다음에 나오는 〈시간으로 찾는 괘상과 괘본〉에서 오전 10시30분 20초는 〈화수 미제〉와 〈3 · 6괘〉로 나타나 있다는 것을 알수 있으므로, 〈화수 미제〉와 〈3 · 6괘〉에 나타난 미래 엿보기의 〈여행〉 란을 보면 "움직이면 좋지 못하다." 라고 나와 있다. 따라서 여러분은 한 달 뒤○월○일에 출국하는 여행은 자제하고, 이후에 유럽여행 가고 싶은 다른날이나 유럽이 아닌 다른 나라를 알아보는 것이 좋다.

4. 자신은 꼭 한 달 뒤 ○월○일에 출국하는 유럽여행을 가고 싶은데, 자신이 바라던 내용의 결과가 아니라고 실망해서 또다시 같은 내용을 반복해서 알아보는 것은 자연의 이치를 나타내주고 있는 주역을 모독하는 것이되므로 모독하면 알려주지 않는다.

따라서 올바른 마음을 가져야 이롭다. 이는 주역 상경 산수몽(山水蒙)에 나오는 내용이다. 즉 초서고(初筮告) 재삼독(再三瀆) 독즉불고이정(瀆則 不告利貞)이라고 한 것이 그것이다. 따라서 만일 한 달 뒤 ○월○일에 출국하는 유럽여행이 좋지 못하다고 나왔다면, 한 달 뒤의 ○월○일에 출국하는 유럽여행은 자제하고 그 후에 다른 날을 잡아서 여행하든지, 아니면 유럽이 아닌 다른 나라를 알아보는 것이 녹자 여러분에게 이로울 것이나.

│ 시간으로 찾는 괘상과 괘번 (오전과 오후는 구분하지 않는다.) │

(입학시험 등에 합격할 수 있을까? 라는 의문을 확실하게 가진 현재시각)

시　　간	괘　상	괘　번
12시　정각 ~ 1분39초까지	풍화 가인	5 · 3
1분40초 ~ 3분19초	지뢰 복	8 · 4
3분20초 ~ 5분 정각	산뢰 이	7 · 4
5분 1초 ~ 5분49초	화수 미제	3 · 6
5분 50초 ~ 6분39초	화택 규	3 · 2
6분40초 ~ 7분29초	산지 박	7 · 8
7분30초 ~ 8분19초	천풍 구	1 · 5
8분20초 ~ 9분9초	뇌수 해	4 · 6
9분10초 ~ 10분 정각	화수 미제	3 · 6
10분1초 ~ 11분39초	산지 박	7 · 8
11분40초 ~ 13분19초	산뢰 이	7 · 4
13분20초 ~ 14분59초	화수 미제	3 · 6
15분 정각 ~ 16분39초	풍산 점	5 · 7
16분40초 ~ 18분19초	곤위 지	8 · 8
18분20초 ~ 20분 정각	산지 박	7 · 8
20분 1초 ~ 20분49초	화택 규	3 · 2
20분50초 ~ 21분39초	화수 미제	3 · 6
21분40초 ~ 22분29초	산뢰 이	7 · 4
22분30초 ~ 23분19초	건위 천	1 · 1

시　간	괘　상	괘　번
12시　23분20초 ~ 24분9초까지	뇌택 귀매	4 · 2
24분10초 ~ 25분 정각	화택 규	3 · 2
25분1초 ~ 26분39초	화수 미제	3 · 6
26분40초 ~ 28분19초	화택 규	3 · 2
28분20초 ~ 29분59초	산지 박	7 · 8
30분 정각 ~ 31분 39초	천풍 구	1 · 5
31분40초 ~ 33분19초	뇌수 해	4 · 6
33분20초 ~ 35분 정각	화수 미제	3 · 6
35분1초 ~ 35분49초	산지 박	7 · 8
35분50초 ~ 36분39초	산뢰 이	7 · 4
36분40초 ~ 37분29초	화수 미제	3 · 6
37분30초 ~ 38분19초	풍산 점	5 · 7
38분20초 ~ 39분9초	곤위 지	8 · 8
39분10초 ~ 40분 정각	산지 박	7 · 8
40분1초 ~ 41분39초	산뢰 이	7 · 4
41분40초 ~ 43분19초	산지 박	7 · 8
43분20초 ~ 44분59초	화택 규	3 · 2
45분 정각 ~ 46분39초	풍화 가인	5 · 3
46분40초 ~ 48분19초	지뢰 복	8 · 4
48분20초 ~ 50분 정각	산뢰 이	7 · 4
50분1초 ~ 50분49초까지	화택 규	3 · 2
50분50초 ~ 51분39초	화수 미제	3 · 6

시 간	괘 상	괘 번
12시 51분40초 ~ 52분29초	산뢰 이	7 · 4
52분30초 ~ 53분19초	건위 천	1 · 1
53분20초 ~ 54분9초	뇌택 귀매	4 · 2
54분10초 ~ 55분 정각	화택 규	3 · 2
55분1초 ~ 56분39초	산뢰 이	7 · 4
56분40초 ~ 58분19초	산지 박	7 · 8
58분20초 ~ 1시 정각	화택 규	3 · 2
1시 00분1초 ~ 1분39초	수화 기제	6 · 3
1분40초 ~ 3분19초	산뢰 이	7 · 4
3분20초 ~ 5분 정각	지뢰 복	8 · 4
5분 1초 ~ 5분49초	뇌수 해	4 · 6
5분 50초 ~ 6분39초	뇌택 귀매	4 · 2
6분40초 ~ 7분29초	곤위 지	8 · 8
7분30초 ~ 8분19초	택풍 대과	2 · 5
8분20초 ~ 9분9초	화수 미제	3 · 6
9분10초 ~ 10분 정각	뇌수 해	4 · 6
10분1초 ~ 11분39초	곤위 지	8 · 8
11분40초 ~ 13분19초	지뢰 복	8 · 4
13분20초 ~ 14분59초까지	뇌수 해	4 · 6
15분 정각 ~ 16분39초	수산 건	6 · 7
16분40초 ~ 18분19초	산지 박	7 · 8
18분20초 ~ 20분 정각	곤위 지	8 · 8

시　간	괘　상	괘　번
1시　20분1초 ~ 20분49초	뇌택 귀매	4 · 2
20분50초 ~ 21분39초	뇌수 해	4 · 6
21분40초 ~ 22분29초	지뢰 복	8 · 4
22분30초 ~ 23분19초	택천 쾌	2 · 1
23분20초 ~ 24분9초	화택 규	3 · 2
24분10초 ~ 25분 정각	뇌택 귀매	4 · 2
25분1초 ~ 26분39초	뇌수 해	4 · 6
26분40초 ~ 28분19초	뇌택 귀매	4 · 2
28분20초 ~ 29분59초	곤위 지	8 · 8
30분 정각 ~ 31분 39초	택풍 대과	2 · 5
31분40초 ~ 33분19초	화수 미제	3 · 6
33분20초 ~ 35분 정각	뇌수 해	4 · 6
35분1초 ~ 35분49초	곤위 지	8 · 8
35분50초 ~ 36분39초	지뢰 복	8 · 4
36분40초 ~ 37분29초	뇌수 해	4 · 6
37분30초 ~ 38분19초	수산 건	6 · 7
38분20초 ~ 39분9초까지	산지 박	7 · 8
39분10초 ~ 40분 정각	곤위 지	8 · 8
40분1초 ~ 41분39초	지뢰 복	8 · 4
41분40초 ~ 43분19초	곤위 지	8 · 8
43분20초 ~ 44분59초	뇌택 귀매	4 · 2
45분 정각 ~ 46분39초	수화 기제	6 · 3

시 간	괘 상	괘 번
1시 46분40초 ~ 48분19초	산뢰 이	7 · 4
48분20초 ~ 50분 정각	지뢰 복	8 · 4
50분1초 ~ 50분49초	뇌택 귀매	4 · 2
50분50초 ~ 51분39초	뇌수 해	4 · 6
51분40초 ~ 52분29초	지뢰 복	8 · 4
52분30초 ~ 53분19초	택천 쾌	2 · 1
53분20초 ~ 54분9초	화택 규	3 · 2
54분10초 ~ 55분 정각	뇌택 귀매	4 · 2
55분1초 ~ 56분39초	지뢰 복	8 · 4
56분40초 ~ 58분19초	곤위 지	8 · 8
58분20초 ~ 2시 정각	뇌택 귀매	4 · 2
2시 00분1초 ~ 1분39초	지뢰 복	8 · 4
1분40초 ~ 3분19초	풍화 가인	5 · 3
3분20초 ~ 5분 정각	수화 기제	6 · 3
2시 5분1초 ~ 5분49초까지	택풍 대과	2 · 5
5분 50초 ~ 6분39초	택천 쾌	2 · 1
6분40초 ~ 7분29초	수산 건	6 · 7
7분30초 ~ 8분19초	뇌수 해	4 · 6
8분20초 ~ 9분9초	천풍 구	1 · 5
9분10초 ~ 10분 정각	택풍 대과	2 · 5
10분1초 ~ 11분39초	수산 건	6 · 7
11분40초 ~ 13분19초	수화 기제	6 · 3

시 간		괘 상	괘 번
2시 13분20초 ~ 14분59초		택풍 대과	2 · 5
	15분 정각 ~ 16분39초	곤위 지	8 · 8
	16분40초 ~ 18분19초	풍산 점	5 · 7
	18분20초 ~ 20분 정각	수산 건	6 · 7
	20분1초 ~ 20분49초	택천 쾌	2 · 1
	20분50초 ~ 21분39초	택풍 대과	2 · 5
	21분40초 ~ 22분29초	수화 기제	6 · 3
	22분30초 ~ 23분19초	뇌택 귀매	4 · 2
	23분20초 ~ 24분9초	건위 천	1 · 1
	24분10초 ~ 25분 정각	택천 쾌	2 · 1
	25분1초 ~ 26분39초	택풍 대과	2 · 5
	26분40초 ~ 28분19초	택천 쾌	2 · 1
	28분20초 ~ 29분59초까지	수산 건	6 · 7
	30분 정각 ~ 31분 39초	뇌수 해	4 · 6
	31분40초 ~ 33분19초	천풍 구	1 · 5
	33분20초 ~ 35분 정각	택풍 대과	2 · 5
	35분1초 ~ 35분49초	수산 건	6 · 7
	35분50초 ~ 36분39초	수화 기제	6 · 3
	36분40초 ~ 37분29초	택풍 대과	2 · 5
	37분30초 ~ 38분19초	곤위 지	8 · 8
	38분20초 ~ 39분9초	풍산 점	5 · 7
	39분10초 ~ 40분 정각	수산 건	6 · 7

시 간	괘 상	괘 번
2시 40분1초 ~ 41분39초	수화 기제	6 · 3
41분40초 ~ 43분19초	수산 건	6 · 7
43분20초 ~ 44분59초	택천 쾌	2 · 1
45분 정각 ~ 46분39초	지뢰 복	8 · 4
46분40초 ~ 48분19초	풍화 가인	5 · 3
48분20초 ~ 50분 정각	수화 기제	6 · 3
50분1초 ~ 50분49초	택천 쾌	2 · 1
50분50초 ~ 51분39초	택풍 대과	2 · 5
51분40초 ~ 52분29초	수화 기제	6 · 3
52분30초 ~ 53분19초	뇌택 귀매	4 · 2
53분20초 ~ 54분9초까지	건위 천	1 · 1
54분10초 ~ 55분 정각	택천 쾌	2 · 1
55분1초 ~ 56분39초	수화 기제	6 · 3
56분40초 ~ 58분19초	수산 건	6 · 7
58분20초 ~ 3시 정각	택천 쾌	2 · 1
3시 00분1초 ~ 1분39초	지뢰 복	8 · 4
1분40초 ~ 3분19초	풍화 가인	5 · 3
3분20초 ~ 5분 정각	수화 기제	6 · 3
5분 1초 ~ 5분49초	택풍 대과	2 · 5
5분 50초 ~ 6분39초	택천 쾌	2 · 1
6분40초 ~ 7분29초	수산 건	6 · 7
7분30초 ~ 8분19초	뇌수 해	4 · 6

시 간	괘 상	괘 번
3시 8분20초 ~ 9분9초	천풍 구	1 · 5
9분10초 ~ 10분 정각	택풍 대과	2 · 5
10분1초 ~ 11분39초	수산 건	6 · 7
11분40초 ~ 13분19초	수화 기제	6 · 3
13분20초 ~ 14분59초	택풍 대과	2 · 5
15분 정각 ~ 16분39초	곤위 지	8 · 8
16분40초 ~ 18분19초	풍산 점	5 · 7
18분20초 ~ 20분 정각	수산 건	6 · 7
20분1초 ~ 20분49초까지	택천 쾌	2 · 1
20분50초 ~ 21분39초	택풍 대과	2 · 5
21분40초 ~ 22분29초	수화 기제	6 · 3
22분30초 ~ 23분19초	뇌택 귀매	4 · 2
23분20초 ~ 24분9초	건위 천	1 · 1
24분10초 ~ 25분 정각	택천 쾌	2 · 1
25분1초 ~ 26분39초	택풍 대과	2 · 5
26분40초 ~ 28분19초	택천 쾌	2 · 1
28분20초 ~ 29분59초	수산 건	6 · 7
30분 정각 ~ 31분 39초	뇌수 해	4 · 6
31분40초 ~ 33분19초	천풍 구	1 · 5
33분20초 ~ 35분 정각	택풍 대과	2 · 5
35분1초 ~ 35분49초	수산 건	6 · 7
35분50초 ~ 36분39초	수화 기제	6 · 3

시 간		괘 상	괘 번
3시	36분40초 ~ 37분29초	택풍 대과	2 · 5
	37분30초 ~ 38분19초	곤위 지	8 · 8
	38분20초 ~ 39분9초	풍산 점	5 · 7
	39분10초 ~ 40분 정각	수산 건	6 · 7
	40분1초 ~ 41분39초	수화 기제	6 · 3
	41분40초 ~ 43분19초	수산 건	6 · 7
	43분20초 ~ 44분59초까지	택천 쾌	2 · 1
	45분 정각 ~ 46분39초	지뢰 복	8 · 4
	46분40초 ~ 48분19초	풍화 가인	5 · 3
	48분20초 ~ 50분 정각	수화 기제	6 · 3
	50분1초 ~ 50분49초	택천 쾌	2 · 1
	50분50초 ~ 51분39초	택풍 대과	2 · 5
	51분40초 ~ 52분29초	수화 기제	6 · 3
	52분30초 ~ 53분19초	뇌택 귀매	4 · 2
	53분20초 ~ 54분9초	건위 천	1 · 1
	54분10초 ~ 55분 정각	택천 쾌	2 · 1
	55분1초 ~ 56분39초	수화 기제	6 · 3
	56분40초 ~ 58분19초	수산 건	6 · 7
	58분20초 ~ 4시 정각	택천 쾌	2 · 1
4시	00분1초 ~ 1분39초	풍화 가인	5 · 3
	1분40초 ~ 3분19초	지뢰 복	8 · 4
	3분20초 ~ 5분 정각	산뢰 이	7 · 4

시 간	괘 상	괘 번
4시 5분 1초 ~ 5분 49초	화수 미제	3 · 6
5분 50초 ~ 6분 39초	화택 규	3 · 2
6분 40초 ~ 7분 29초	산지 박	7 · 8
7분 30초 ~ 8분 19초	천풍 구	1 · 5
8분 20초 ~ 9분 9초까지	뇌수 해	4 · 6
9분 10초 ~ 10분 정각	화수 미제	3 · 6
10분 1초 ~ 11분 39초	산지 박	7 · 8
11분 40초 ~ 13분 19초	산뢰 이	7 · 4
13분 20초 ~ 14분 59초	화수 미제	3 · 6
15분 정각 ~ 16분 39초	풍산 점	5 · 7
16분 40초 ~ 18분 19초	곤위 지	8 · 8
18분 20초 ~ 20분 정각	산지 박	7 · 8
20분 1초 ~ 20분 49초	화택 규	3 · 2
20분 50초 ~ 21분 39초	화수 미제	3 · 6
21분 40초 ~ 22분 29초	산뢰 이	7 · 4
22분 30초 ~ 23분 19초	건위 천	1 · 1
23분 20초 ~ 24분 9초	뇌택 귀매	4 · 2
24분 10초 ~ 25분 정각	화택 규	3 · 2
25분 1초 ~ 26분 39초	화수 미제	3 · 6
26분 40초 ~ 28분 19초	화택 규	3 · 2
28분 20초 ~ 29분 59초	산지 박	7 · 8
30분 정각 ~ 31분 39초	천풍 구	1 · 5

시 간	괘 상	괘 번
4시 31분40초 ~ 33분19초	뇌수 해	4 · 6
33분20초 ~ 35분 정각	화수 미제	3 · 6
35분1초 ~ 35분49초까지	산지 박	7 · 8
35분50초 ~ 36분39초	산뢰 이	7 · 4
36분40초 ~ 37분29초	화수 미제	3 · 6
37분30초 ~ 38분19초	풍산 점	5 · 7
38분20초 ~ 39분9초	곤위 지	8 · 8
39분10초 ~ 40분 정각	산지 박	7 · 8
40분1초 ~ 41분39초	산뢰 이	7 · 4
41분40초 ~ 43분19초	산지 박	7 · 8
43분20초 ~ 44분59초	화택 규	3 · 2
45분 정각 ~ 46분39초	풍화 가인	5 · 3
46분40초 ~ 48분19초	지뢰 복	8 · 4
48분20초 ~ 50분 정각	산뢰 이	7 · 4
50분1초 ~ 50분49초	화택 규	3 · 2
50분50초 ~ 51분39초	화수 미제	3 · 6
51분40초 ~ 52분29초	산뢰 이	7 · 4
52분30초 ~ 53분19초	건위 천	1 · 1
53분20초 ~ 54분9초	뇌택 귀매	4 · 2
54분10초 ~ 55분 정각	화택 규	3 · 2
55분1초 ~ 56분39초	산뢰 이	7 · 4
56분40초 ~ 58분19초	산지 박	7 · 8

시 간	괘 상	괘 번
4시 58분20초 ~ 5시 정각까지	화택 규	3 · 2
5시 00분1초 ~ 1분39초	지뢰 복	8 · 4
1분40초 ~ 3분19초	풍화 가인	5 · 3
3분20초 ~ 5분 정각	수화 기제	6 · 3
5분 1초 ~ 5분49초	택풍 대과	2 · 5
5분50초 ~ 6분39초	택천 쾌	2 · 1
6분40초 ~ 7분29초	수산 건	6 · 7
7분30초 ~ 8분19초	뇌수 해	4 · 6
8분20초 ~ 9분9초	천풍 구	1 · 5
9분10초 ~ 10분 정각	택풍 대과	2 · 5
10분1초 ~ 11분39초	수산 건	6 · 7
11분40초 ~ 13분19초	수화 기제	6 · 3
13분20초 ~ 14분59초	택풍 대과	2 · 5
15분 정각 ~ 16분39초	곤위 지	8 · 8
16분40초 ~ 18분19초	풍산 점	5 · 7
18분20초 ~ 20분 정각	수산 건	6 · 7
20분1초 ~ 20분49초	택천 쾌	2 · 1
20분50초 ~ 21분39초	택풍 대과	2 · 5
21분40초 ~ 22분29초	수화 기제	6 · 3
22분30초 ~ 23분19초	뇌택 귀매	4 · 2
5시 23분20초 ~ 24분9초까지	건위 천	1 · 1
24분10초 ~ 25분 정각	택천 쾌	2 · 1

시　　간	괘　상	괘　번
5시　25분1초 ~ 26분39초	택풍 대과	2 · 5
26분40초 ~ 28분19초	택천 쾌	2 · 1
28분20초 ~ 29분59초	수산 건	6 · 7
30분 정각 ~ 31분 39초	뇌수 해	4 · 6
31분40초 ~ 33분19초	천풍 구	1 · 5
33분20초 ~ 35분 정각	택풍 대과	2 · 5
35분1초 ~ 35분49초	수산 건	6 · 7
35분50초 ~ 36분39초	수화 기제	6 · 3
36분40초 ~ 37분29초	택풍 대과	2 · 5
37분30초 ~ 38분19초	곤위 지	8 · 8
38분20초 ~ 39분9초	풍산 점	5 · 7
39분10초 ~ 40분 정각	수산 건	6 · 7
40분1초 ~ 41분39초	수화 기제	6 · 3
41분40초 ~ 43분19초	수산 건	6 · 7
43분20초 ~ 44분59초	택천 쾌	2 · 1
45분 정각 ~ 46분39초	지뢰 복	8 · 4
46분40초 ~ 48분19초	풍화 가인	5 · 3
48분20초 ~ 50분 정각	수화 기제	6 · 3
50분1초 ~ 50분49초까지	택천 쾌	2 · 1
50분50초 ~ 51분39초	택풍 대과	2 · 5
51분40초 ~ 52분29초	수화 기제	6 · 3
52분30초 ~ 53분19초	뇌택 귀매	4 · 2

시　간		괘　상	괘　번
5시	53분20초 ~ 54분9초	건위 천	1 · 1
	54분10초 ~ 55분 정각	택천 쾌	2 · 1
	55분1초 ~ 56분39초	수화 기제	6 · 3
	56분40초 ~ 58분19초	수산 건	6 · 7
	58분20초 ~ 6시 정각	택천 쾌	2 · 1
6시	00분1초 ~ 1분39초	지뢰 복	8 · 4
	1분40초 ~ 3분19초	풍화 가인	5 · 3
	3분20초 ~ 5분 정각	수화 기제	6 · 3
	5분 1초 ~ 5분49초	택풍 대과	2 · 5
	5분 50초 ~ 6분39초	택천 쾌	2 · 1
	6분40초 ~ 7분29초	수산 건	6 · 7
	7분30초 ~ 8분19초	뇌수 해	4 · 6
	8분20초 ~ 9분9초	천풍 구	1 · 5
	9분10초 ~ 10분 정각	택풍 대과	2 · 5
	10분1초 ~ 11분39초	수산 건	6 · 7
	11분40초 ~ 13분19초	수화 기제	6 · 3
6시	13분20초 ~ 14분59초까지	택풍 대과	2 · 5
	15분 정각 ~ 16분39초	곤위 지	8 · 8
	16분40초 ~ 18분19초	풍산 점	5 · 7
	18분20초 ~ 20분 정각	수산 건	6 · 7
	20분1초 ~ 20분49초	택천 쾌	2 · 1
	20분50초 ~ 21분39초	택풍 대과	2 · 5

시 간		괘 상	괘 번
6시	21분40초 ~ 22분29초	수화 기제	6 · 3
	22분30초 ~ 23분19초	뇌택 귀매	4 · 2
	23분20초 ~ 24분9초	건위 천	1 · 1
	24분10초 ~ 25분 정각	택천 쾌	2 · 1
	25분1초 ~ 26분39초	택풍 대과	2 · 5
	26분40초 ~ 28분19초	택천 쾌	2 · 1
	28분20초 ~ 29분59초	수산 건	6 · 7
	30분 정각 ~ 31분 39초	뇌수 해	4 · 6
	31분40초 ~ 33분19초	천풍 구	1 · 5
	33분20초 ~ 35분 정각	택풍 대과	2 · 5
	35분1초 ~ 35분49초	수산 건	6 · 7
	35분50초 ~ 36분39초	수화 기제	6 · 3
	36분40초 ~ 37분29초	택풍 대과	2 · 5
	37분30초 ~ 38분19초	곤위 지	8 · 8
	38분20초 ~ 39분9초까지	풍산 점	5 · 7
	39분10초 ~ 40분 정각	수산 건	6 · 7
	40분1초 ~ 41분39초	수화 기제	6 · 3
	41분40초 ~ 43분19초	수산 건	6 · 7
	43분20초 ~ 44분59초	택천 쾌	2 · 1
	45분 정각 ~ 46분39초	지뢰 복	8 · 4
	46분40초 ~ 48분19초	풍화 가인	5 · 3
	48분20초 ~ 50분 정각	수화 기제	6 · 3

시 간		괘 상	괘 번
6시	50분1초 ~ 50분49초	택천 쾌	2 · 1
	50분50초 ~ 51분39초	택풍 대과	2 · 5
	51분40초 ~ 52분29초	수화 기제	6 · 3
	52분30초 ~ 53분19초	뇌택 귀매	4 · 2
	53분20초 ~ 54분9초	건위 천	1 · 1
	54분10초 ~ 55분 정각	택천 쾌	2 · 1
	55분1초 ~ 56분39초	수화 기제	6 · 3
	56분40초 ~ 58분19초	수산 건	6 · 7
	58분20초 ~ 7시 정각	택천 쾌	2 · 1
7시	00분1초 ~ 1분39초	수화 기제	6 · 3
	1분40초 ~ 3분19초	산뢰 이	7 · 4
	3분20초 ~ 5분 정각	지뢰 복	8 · 4
	5분 1초 ~ 5분49초까지	뇌수 해	4 · 6
	5분 50초 ~ 6분39초	뇌택 귀매	4 · 2
	6분40초 ~ 7분29초	곤위 지	8 · 8
	7분30초 ~ 8분19초	택풍 대과	2 · 5
	8분20초 ~ 9분9초	화수 미제	3 · 6
	9분10초 ~ 10분 정각	뇌수 해	4 · 6
	10분1초 ~ 11분39초	곤위 지	8 · 8
	11분40초 ~ 13분19초	지뢰 복	8 · 4
	13분20초 ~ 14분59초	뇌수 해	4 · 6
	15분 정각 ~ 16분39초	수산 건	6 · 7

시 간	괘 상	괘 번
7시 16분40초 ~ 18분19초	산지 박	7 · 8
18분20초 ~ 20분 정각	곤위 지	8 · 8
20분1초 ~ 20분49초	뇌택 귀매	4 · 2
20분50초 ~ 21분39초	뇌수 해	4 · 6
21분40초 ~ 22분29초	지뢰 복	8 · 4
22분30초 ~ 23분19초	택천 쾌	2 · 1
23분20초 ~ 24분9초	화택 규	3 · 2
24분10초 ~ 25분 정각	뇌택 귀매	4 · 2
25분1초 ~ 26분39초	뇌수 해	4 · 6
26분40초 ~ 28분19초	뇌택 귀매	4 · 2
28분20초 ~ 29분59초까지	곤위 지	8 · 8
30분 정각 ~ 31분 39초	택풍 대과	2 · 5
31분40초 ~ 33분19초	화수 미제	3 · 6
33분20초 ~ 35분 정각	뇌수 해	4 · 6
35분1초 ~ 35분49초	곤위 지	8 · 8
35분50초 ~ 36분39초	지뢰 복	8 · 4
36분40초 ~ 37분29초	뇌수 해	4 · 6
37분30초 ~ 38분19초	수산 건	6 · 7
38분20초 ~ 39분9초	산지 박	7 · 8
39분10초 ~ 40분 정각	곤위 지	8 · 8
40분1초 ~ 41분39초	지뢰 복	8 · 4
41분40초 ~ 43분19초	곤위 지	8 · 8

시 간		괘 상	괘 번
7시	43분20초 ~ 44분59초	뇌택 귀매	4 · 2
	45분 정각 ~ 46분39초	수화 기제	6 · 3
	46분40초 ~ 48분19초	산뢰 이	7 · 4
	48분20초 ~ 50분 정각	지뢰 복	8 · 4
	50분1초 ~ 50분49초	뇌택 귀매	4 · 2
	50분50초 ~ 51분39초	뇌수 해	4 · 6
	51분40초 ~ 52분29초	지뢰 복	8 · 4
	52분30초 ~ 53분19초	택천 쾌	2 · 1
	53분20초 ~ 54분9초까지	화택 규	3 · 2
	54분10초 ~ 55분 정각	뇌택 귀매	4 · 2
	55분1초 ~ 56분39초	지뢰 복	8 · 4
	56분40초 ~ 58분19초	곤위 지	8 · 8
	58분20초 ~ 8시 정각	뇌택 귀매	4 · 2
8시	00분1초 ~ 1분39초	산뢰 이	7 · 4
	1분40초 ~ 3분19초	수화 기제	6 · 3
	3분20초 ~ 5분 정각	풍화 가인	5 · 3
	5분 1초 ~ 5분49초	천풍 구	1 · 5
	5분 50초 ~ 6분39초	건위 천	1 · 1
	6분40초 ~ 7분29초	풍산 점	5 · 7
	7분30초 ~ 8분19초	화수 미제	3 · 6
	8분20초 ~ 9분9초	택풍 대과	2 · 5
	9분10초 ~ 10분 정각	천풍 구	1 · 5

시 간	괘 상	괘 번
8시 10분1초 ~ 11분39초	풍산 점	5 · 7
11분40초 ~ 13분19초	풍화 가인	5 · 3
13분20초 ~ 14분59초	천풍 구	1 · 5
15분 정각 ~ 16분39초	산지 박	7 · 8
16분40초 ~ 18분19초	수산 건	6 · 7
18분20초 ~ 20분 정각	풍산 점	5 · 7
20분1초 ~ 20분49초까지	건위 천	1 · 1
20분50초 ~ 21분39초	천풍 구	1 · 5
21분40초 ~ 22분29초	풍화 가인	5 · 3
22분30초 ~ 23분19초	화택 규	3 · 2
23분20초 ~ 24분9초	택천 쾌	2 · 1
24분10초 ~ 25분 정각	건위 천	1 · 1
25분1초 ~ 26분39초	천풍 구	1 · 5
26분40초 ~ 28분19초	건위 천	1 · 1
28분20초 ~ 29분59초	풍산 점	5 · 7
30분 정각 ~ 31분 39초	화수 미제	3 · 6
31분40초 ~ 33분19초	택풍 대과	2 · 5
33분20초 ~ 35분 정각	천풍 구	1 · 5
35분1초 ~ 35분49초	풍산 점	5 · 7
35분50초 ~ 36분39초	풍화 가인	5 · 3
36분40초 ~ 37분29초	천풍 구	1 · 5
37분30초 ~ 38분19초	산지 박	7 · 8

시 간	괘 상	괘 번
8시 38분20초 ~ 39분9초	수산 건	6 · 7
39분10초 ~ 40분 정각	풍산 점	5 · 7
40분1초 ~ 41분39초	풍화 가인	5 · 3
41분40초 ~ 43분19초	풍산 점	5 · 7
43분20초 ~ 44분59초까지	건위 천	1 · 1
45분 정각 ~ 46분39초	산뢰 이	7 · 4
46분40초 ~ 48분19초	수화 기제	6 · 3
48분20초 ~ 50분 정각	풍화 가인	5 · 3
50분1초 ~ 50분49초	건위 천	1 · 1
50분50초 ~ 51분39초	천풍 구	1 · 5
51분40초 ~ 52분29초	풍화 가인	5 · 3
52분30초 ~ 53분19초	화택 규	3 · 2
53분20초 ~ 54분9초	택천 쾌	2 · 1
54분10초 ~ 55분 정각	건위 천	1 · 1
55분1초 ~ 56분39초	풍화 가인	5 · 3
56분40초 ~ 58분19초	풍산 점	5 · 7
58분20초 ~ 9시 정각	건위 천	1 · 1
9시 00분1초 ~ 1분39초	산뢰 이	7 · 4
1분40초 ~ 3분19초	수화 기제	6 · 3
3분20초 ~ 5분 정각	풍화 가인	5 · 3
5분 1초 ~ 5분49초	천풍 구	1 · 5
5분 50초 ~ 6분39초	건위 천	1 · 1

시 간	괘 상	괘 번
9시 6분40초 ~ 7분29초	풍산 점	5 · 7
7분30초 ~ 8분19초	화수 미제	3 · 6
8분20초 ~ 9분9초까지	택풍 대과	2 · 5
9분10초 ~ 10분 정각	천풍 구	1 · 5
10분1초 ~ 11분39초	풍산 점	5 · 7
11분40초 ~ 13분19초	풍화 가인	5 · 3
13분20초 ~ 14분59초	천풍 구	1 · 5
15분 정각 ~ 16분39초	산지 박	7 · 8
16분40초 ~ 18분19초	수산 건	6 · 7
18분20초 ~ 20분 정각	풍산 점	5 · 7
20분1초 ~ 20분49초	건위 천	1 · 1
20분50초 ~ 21분39초	천풍 구	1 · 5
21분40초 ~ 22분29초	풍화 가인	5 · 3
22분30초 ~ 23분19초	화택 규	3 · 2
23분20초 ~ 24분9초	택천 쾌	2 · 1
24분10초 ~ 25분 정각	건위 천	1 · 1
25분1초 ~ 26분39초	천풍 구	1 · 5
26분40초 ~ 28분19초	건위 천	1 · 1
28분20초 ~ 29분59초	풍산 점	5 · 7
30분 정각 ~ 31분 39초	화수 미제	3 · 6
31분40초 ~ 33분19초	택풍 대과	2 · 5
33분20초 ~ 35분 정각	천풍 구	1 · 5

시 간	괘 상	괘 번
9시 35분1초 ~ 35분49초까지	풍산 점	5·7
35분50초 ~ 36분39초	풍화 가인	5·3
36분40초 ~ 37분29초	천풍 구	1·5
37분30초 ~ 38분19초	산지 박	7·8
38분20초 ~ 39분9초	수산 건	6·7
39분10초 ~ 40분 정각	풍산 점	5·7
40분1초 ~ 41분39초	풍화 가인	5·3
41분40초 ~ 43분19초	풍산 점	5·7
43분20초 ~ 44분59초	건위 천	1·1
45분 정각 ~ 46분39초	산뢰 이	7·4
46분40초 ~ 48분19초	수화 기제	6·3
48분20초 ~ 50분 정각	풍화 가인	5·3
50분1초 ~ 50분49초	건위 천	1·1
50분50초 ~ 51분39초	천풍 구	1·5
51분40초 ~ 52분29초	풍화 가인	5·3
52분30초 ~ 53분19초	화택 규	3·2
53분20초 ~ 54분9초	택천 쾌	2·1
54분10초 ~ 55분 정각	건위 천	1·1
55분1초 ~ 56분39초	풍화 가인	5·3
56분40초 ~ 58분19초	풍산 점	5·7
58분20초 ~ 10시 정각까지	건위 천	1·1
10시 00분1초 ~ 1분39초	산뢰 이	7·4

시 간	괘 상	괘 번
10시 1분40초 ~ 3분19초	수화 기제	6 · 3
3분20초 ~ 5분 정각	풍화 가인	5 · 3
5분 1초 ~ 5분49초	천풍 구	1 · 5
5분 50초 ~ 6분39초	건위 천	1 · 1
6분40초 ~ 7분29초	풍산 점	5 · 7
7분30초 ~ 8분19초	화수 미제	3 · 6
8분20초 ~ 9분9초	택풍 대과	2 · 5
9분10초 ~ 10분 정각	천풍 구	1 · 5
10분1초 ~ 11분39초	풍산 점	5 · 7
11분40초 ~ 13분19초	풍화 가인	5 · 3
13분20초 ~ 14분59초	천풍 구	1 · 5
15분 정각 ~ 16분39초	산지 박	7 · 8
16분40초 ~ 18분19초	수산 건	6 · 7
18분20초 ~ 20분 정각	풍산 점	5 · 7
20분1초 ~ 20분49초	건위 천	1 · 1
20분50초 ~ 21분39초	천풍 구	1 · 5
21분40초 ~ 22분29초	풍화 가인	5 · 3
22분30초 ~ 23분19초	화택 규	3 · 2
23분20초 ~ 24분9초까지	택천 쾌	2 · 1
24분10초 ~ 25분 정각	건위 천	1 · 1
25분1초 ~ 26분39초	천풍 구	1 · 5
26분40초 ~ 28분19초	건위 천	1 · 1

시 간	괘 상	괘 번
10시 28분20초 ~ 29분59초	풍산 점	5 · 7
30분 정각 ~ 31분 39초	화수 미제	3 · 6
31분40초 ~ 33분19초	택풍 대과	2 · 5
33분20초 ~ 35분 정각	천풍 구	1 · 5
35분1초 ~ 35분49초	풍산 점	5 · 7
35분50초 ~ 36분39초	풍화 가인	5 · 3
36분40초 ~ 37분29초	천풍 구	1 · 5
37분30초 ~ 38분19초	산지 박	7 · 8
38분20초 ~ 39분9초	수산 건	6 · 7
39분10초 ~ 40분 정각	풍산 점	5 · 7
40분1초 ~ 41분39초	풍화 가인	5 · 3
41분40초 ~ 43분19초	풍산 점	5 · 7
43분20초 ~ 44분59초	건위 천	1 · 1
45분 정각 ~ 46분39초	산뢰 이	7 · 4
46분40초 ~ 48분19초	수화 기제	6 · 3
48분20초 ~ 50분 정각	풍화 가인	5 · 3
50분1초 ~ 50분49초까지	건위 천	1 · 1
50분50초 ~ 51분39초	천풍 구	1 · 5
51분40초 ~ 52분29초	풍화 가인	5 · 3
52분30초 ~ 53분19초	화택 규	3 · 2
53분20초 ~ 54분9초	택천 쾌	2 · 1
54분10초 ~ 55분 정각	건위 천	1 · 1

시 간	괘 상	괘 번
10시 55분 1초 ~ 56분 39초	풍화 가인	5 · 3
56분 40초 ~ 58분 19초	풍산 점	5 · 7
58분 20초 ~ 11시 정각	건위 천	1 · 1
11시 00분 1초 ~ 1분 39초	풍화 가인	5 · 3
1분 40초 ~ 3분 19초	지뢰 복	8 · 4
3분 20초 ~ 5분 정각	산뢰 이	7 · 4
5분 1초 ~ 5분 49초	화수 미제	3 · 6
5분 50초 ~ 6분 39초	화택 규	3 · 2
6분 40초 ~ 7분 29초	산지 박	7 · 8
7분 30초 ~ 8분 19초	천풍 구	1 · 5
8분 20초 ~ 9분 9초	뇌수 해	4 · 6
9분 10초 ~ 10분 정각	화수 미제	3 · 6
10분 1초 ~ 11분 39초	산지 박	7 · 8
11분 40초 ~ 13분 19초	산뢰 이	7 · 4
13분 20초 ~ 14분 59초까지	화수 미제	3 · 6
15분 정각 ~ 16분 39초	풍산 점	5 · 7
16분 40초 ~ 18분 19초	곤위 지	8 · 8
18분 20초 ~ 20분 정각	산지 박	7 · 8
20분 1초 ~ 20분 49초	화택 규	3 · 2
20분 50초 ~ 21분 39초	화수 미제	3 · 6
21분 40초 ~ 22분 29초	산뢰 이	7 · 4
22분 30초 ~ 23분 19초	건위 천	1 · 1

시 간	괘 상	괘 번
23분20초 ~ 24분9초	뇌택 귀매	4 · 2
24분10초 ~ 25분 정각	화택 규	3 · 2
25분1초 ~ 26분39초	화수 미제	3 · 6
26분40초 ~ 28분19초	화택 규	3 · 2
28분20초 ~ 29분59초	산지 박	7 · 8
30분 정각 ~ 31분 39초	천풍 구	1 · 5
31분40초 ~ 33분19초	뇌수 해	4 · 6
33분20초 ~ 35분 정각	화수 미제	3 · 6
35분1초 ~ 35분49초	산지 박	7 · 8
35분50초 ~ 36분39초	산뢰 이	7 · 4
36분40초 ~ 37분29초	화수 미제	3 · 6
37분30초 ~ 38분19초	풍산 점	5 · 7
38분20초 ~ 39분9초까지	곤위 지	8 · 8
39분10초 ~ 40분 정각	산지 박	7 · 8
40분1초 ~ 41분39초	산뢰 이	7 · 4
41분40초 ~ 43분19초	산지 박	7 · 8
43분20초 ~ 44분59초	화택 규	3 · 2
45분 정각 ~ 46분39초	풍화 가인	5 · 3
46분40초 ~ 48분19초	지뢰 복	8 · 4
48분20초 ~ 50분 정각	산뢰 이	7 · 4
50분1초 ~ 50분49초	화택 규	3 · 2
50분50초 ~ 51분39초	화수 미제	3 · 6

시 간	괘 상	괘 번
51분40초 ~ 52분29초	산뢰 이	7 · 4
52분30초 ~ 53분19초	건위 천	1 · 1
53분20초 ~ 54분9초	뇌택 귀매	4 · 2
54분10초 ~ 55분 정각	화택 규	3 · 2
55분1초 ~ 56분39초	산뢰 이	7 · 4
56분40초 ~ 58분19초	산지 박	7 · 8
58분20초 ~ 12시 정각	화택 규	3 · 2
이후 시간의 괘(卦)는 앞과 동일하므로 다시 앞으로 가서 참조할 것		
12시 00분1초 ~ 1분39초까지	풍화 가인	5 · 3
이후 시간은 앞과 동일	앞과 동일	앞과 동일

| 괘상이 나타내는 의미와 미래내용 엿보기 |

아래 괘상이 나타내는 의미는 나의 미래 1년 신수나 기타의 궁금한 미래내용을 함축적으로 보여주고 있으니 뒤의 운세설명과 함께 참조하여 보시면 됩니다.

건위천(乾爲天) 1 · 1괘 ☰ ☰

위아래가 모두 하늘이니, 이 건위천 괘를 얻은 사람은 용이 하늘로 올라가는 것처럼 최고에 도달했으므로 겸손해야 이롭다. 더 이상 상승을 바라지 말고 오로지 현재 상황에 충실해야 한다

천풍구(天風姤) 1 · 5괘 ☰ ☴

하늘 아래 변화의 바람이 불어 들어오고 있는 모양이니, 이 천풍구 괘를 얻은 사람은 농락, 도난, 압도, 사기, 재난을 당하기 쉬울 시기이다. 아쉽다는 미련을 즉각 버리고 어떤 일도 추진하지 말며, 반성 자중하여 가만히 있어야 이롭다.

택천쾌(澤天快) 2 · 1괘 ☱ ☰

하늘 위에 있는 못의 물이 터져서 엄청난 기세로 쏟아지는 모양이니, 이 택천쾌 괘를 얻은 사람은 어떤 일에 처해 있는 현재 비장한 각오로 결정을 내려야 한다. 지나친 자신감으로 내린 일방적인 결정보다는 주위를 배려하는 너그러움과 자비 정신이 필요하다.

택풍대과(澤風大過) 2 · 5괘 ☱ ☴

연못 속에 바람이 불어 물결이 크게 일어나는 모양이니, 이 택풍대과 괘를 얻은 사람은 자신의 힘만으로는 해결하기 힘든 벅찬 상태에 처해 있다. 아예 2선으로 물러나든지, 혹 죽음을 각오하는 마음으로 도움을 요청하여 이겨내면 의외의 귀인을 만나 성공할 수 있다.

화택규(火澤暌) 3·2괘 ☲ ☱

불은 위로 올라가고 연못의 물은 아래로 흘러들어가 서로 등지는 모양이니, 이 화택규 괘를 얻은 사람은 의견충돌로 다툼이 일어나서 가정파탄, 송사, 사업상 이권다툼, 부도, 사고 등의 관재수 등이 야기될 시기이다. 따라서 부드럽고 온화한 언행을 갈고닦아 아집과 독선을 버려야 한다.

화수미제(火水未濟) 3·6괘 ☲ ☵

불은 위에서 타오르고 물은 아래로 흘러 물과 불이 서로 상응하여 화합하기 어려운 모양이니, 이 화수미제 괘를 얻은 사람은 가정문제, 사업문제 등이 해결의 기미가 보이지 않는 괴로운 상태이다. 역지사지하여 원수를 사랑하는 마음으로 상대방이 나보다 더 잘되고 행복하기를 기원하면 길하다.

뇌택귀매(雷澤歸妹) 4·2괘 ☳ ☱

위는 우레(震: 나이 많은 남자)요 아래는 연못(澤: 젊은 여자)으로 나이 많은 남자에게 젊은 여자가 따라 붙은 모양이니, 이 뇌택귀매 괘를 얻은 사람은 색다르고 신선한 매력으로 접근하는 이성에 대한 일시적 감정에 사로잡힌 결과 가정파탄, 사업파탄으로 발전하고 있다. 따라서 겉보다는 속을 간파하는 신중함과 자기반성이 있어야 길하다.

뇌수해(雷水解) 4·6괘 ☳ ☵

위는 우레 아래는 물로서 우레가 진동하여 비가 내리고 땅 위의 만물이 풀리는 봄이 온 모양이니, 이 뇌수해 괘를 얻은 사람은 간혹 중요한 계약이 깨지거나 계나 모임 부부관계 등도 풀려서 깨지기도 하지만, 정직하고 성실하게 살아온 사람이라면 힘들고 곤란했던 일들이 해결되고 고통과 액난에서 해방된다. 조상이나 가까운 지인 중에 불쌍하게 죽은 영혼이나 원한 맺힌 영혼이 있다면, 이를 超拔해 주는 정성이 있을 경우 만사형통한다.

풍화가인(風火家人) 5·3괘 ☴ ☲

위는 언니(風: 長女) 아래는 동생(火: 中女)으로 동생이 언니 아래에서 뜻을 따르는 모양이니, 이 풍화가인 괘를 얻은 사람은 남자, 여자 모두가 가정 내부의 일에 충실하면 길하나 외부적인 큰일을 시작하여 벌이면 흉하다. 집안의 평화와 질서는 여인들의 화목에 있으니, 남성적인 강함보다는 여성적인 온화함으로 집안을 잘 이끌어야 한다.

풍산점(風山漸) 5·7괘 ☴ ☶

위는 나무를 뜻하는 풍괘가 있고 아래는 산을 뜻하는 산괘가 있어서 산의 나무가 점점 자라서 산을 푸르게 하는 모양이니, 이 풍산점 괘를 얻은 사람은 점진적이고 끊임없는 노력으로 사업성장, 직장승진, 시험합격, 선거당선 등을 이룬다. 매사에 조급하지 않고 끊임없이 성실히 노력해야 운수대통이다.

수화기제(水火旣濟) 6·3괘 ☵ ☲

솥 안의 물을 불로 지펴서 음식을 다 끓였으니 더 이상 불을 땔 일이 없는 모양이니, 이 수화기제 괘를 얻은 사람은 모든 어려움에서 벗어나 구제가 되었으므로 만족한 상태를 나타내고 있다. 계속 현상유지에 힘써서 앞으로의 재난과 어려움에 대비해야 하며 확장, 확대, 개혁은 불가하다.

수산건(水山蹇) 6·7괘 ☵ ☶

산 위에서 물이 아래로 쏟아져 내려오는데 다리를 절며 제대로 걸을 수 없는 모양이니, 이 수산건 괘를 얻은 사람은 가정파탄, 사업부도, 도난, 배신, 파산, 음모, 사고 등을 피할 방법이 없는 가장 나쁘고 괴로운 상태이다. 모든 것을 중단하고 물러나 종교적 기도를 올리는 게 상책이다.

산뢰이(山雷頤) 7 · 4괘 ☶ ☳

산 아래 우레가 울리는 것이 위아래의 이빨이 서로 대립하여 부딪히는 모양과 같나니, 이 산뢰이 괘를 얻은 사람은 매사에 의견충돌이나 시비 분쟁거리가 발생하고 구설에 오르내릴 시기다. 항상 입을 조심하여 말을 할 때 위아래를 잘 구분하여 예의와 덕담을 갖추는 인간관계를 유지해야 한다. 일이 끝날 때면 늘 노고에 감사하고 위로하며 칭찬하면 길하다.

산지박(山地剝) 7 · 8괘 ☶ ☷

위는 산이요 아래는 땅으로 아래의 다섯 음기가 위에 하나뿐인 양기를 갉아먹고 있는 모양이니, 이 산지박 괘를 얻은 사람은 현재의 자격과 지위가 박탈되고 가족과 친구가 멀어지는 함정 속으로 빠져들고 있다. 또한 자신의 약점과 빈틈을 노리는 무리도 있다. 자신을 돌아보아 언행을 신중히 하고 근신기도하며, 자신을 내려놓고 이웃에 봉사해야 한다.

지뢰복(地雷復) 8 · 4괘 ☷ ☳

땅 밑에 천둥우뢰의 기운이 숨어있는 모양이니, 이 지뢰복 괘를 얻은 사람은 땅속에서 새 생명의 움직임이 일어나듯 지금까지의 고통과 불행에서 벗어나 다시금 옛 영화와 행복을 회복한다. 만일 좋은 운을 믿고 오만 방자하게 굴며 과거의 잘못을 되풀이 한다면 좋은 기회를 날려버리게 되므로 어려웠던 지난날을 잊지 말고 초심으로 돌아가야 길하다.

곤위지(坤爲地) 8 · 8괘 ☷ ☷

땅과 땅이 계속 이어진 드넓은 대지를 나타내는 모양이니, 이 곤위지 괘를 얻은 사람은 광활하게 펼쳐진 대지가 만물을 포용하고 길러내듯 조용하고 유순한 덕으로 조금 더디나 만사형통을 이루게 된다. 늘 어머니와 같은 자애로움으로 널리 포용하는 힘을 기르고 만사를 끈기 있게 추진하고 두터운 덕을 베풀어서 잘 마무리해야 한다.

건위천(乾爲天) 1 · 1괘 ☰ ☰

운세(運勢)	최고로 높이 올라가 있으므로 곧 내려올 일만 남았다. 현재 기획하여 시작하려는 일은 발전가능성이 있고, 지금까지 계속하고 있는 일은 쇠퇴하고 있는 운세다. 존귀(尊貴)할 때 수신(修身)하여 근면 · 겸양하면 이로움과 전망이 있으나 기고만장하면 후회하게 된다. 물질보다 정신적인 방면으로 길할 운세다.
재수(財數)	현재 그럭저럭 꾸려나갈 정도이고 설사 돈의 융통이 잘 안되는 상황이라고 해도 당장 내 손에 돈이 들어오기를 바라지 말고 여유를 가지고 대처해야 하며, 겉으로 드러난 모습만으로 섣불리 판단하여 결정하면 후회하기 쉬우므로 심사숙고하는 자세로 임해야 나중에 이루어질 수가 있다.
사업(事業)	사업경영실적이 잘 나타나지 않는 때이므로 사업 확장은 다시 고려해 보아야 한다. 의기투합이 잘되는 귀인을 만나거나 급하지 않게 사업계획을 잘 손질해서 수립하고, 굳은 결심과 부단한 노력을 기울인다면 경영이 순조로울 것이다.
소원(所願)	무리하지 않고 참을성 있게 기다리면 기회가 오며, 순리에 닿으면 소망이 이루어진다. 조심스럽게 웃어른에게 소원에 대해 의논과 자문을 구하면 의외로 긍정적인 결과를 가져올 수가 있다. 재물보다 명예가 희망이 있다.

입학(入學) 취업(就業)	경쟁자가 많으므로 방심은 금물이나, 지망한 학교나 직장에 들어갈 수 있는 운세이다. 오만하지 않는다면 승진한다.
건강(健康)	전염성, 유행성 질환을 조심해야 하고, 신경통, 류머티즘성 관절염, 위장과 관련된 질병에도 유의해야 한다. 중병 환자나 오랫동안 병상에 누워있던 사람에게는 더 조심해야 할 때이다.
결혼(結婚)	남자는 대개 무미건조한 타입의 여성을 만나기 쉬우므로 좋다고 할 수가 없고(단, 데릴사위 하면 가능) 여자는 괜찮은 남자, 믿음직한 남자를 만날 가능성이 높으므로 좋은 운이라고 본다.
재판(裁判)	민사재판이든 형사재판이든 약간 불리한 운이나 훌륭한 변호사를 선임하면 길할 수 있는 운이다. 자신의 입장을 충분히 잘 대변해줄 사람이 없다면, 쌍방 간의 잘잘못을 떠나서 서로 화해하는 것이 좋다.
사고파는 거래	바로 지금 당장에 사고파는 거래를 성사시킬 수 있으며, 이 기회를 놓치더라도 천천히 또다시 매매할 기회가 찾아온다. 주식은 오름세에 있으나 곧 하락한다.
이전(移轉)	이사나 이전은 하지 않는 것이 좋다. 부득이한 경우라면 대개 이르면 2달 후나 늦으면 5달 후에나 이사할 수 있고, 시급한 사무소 이전 관계라면 더 빨리 이전할 수도 있다.
여행(旅行)	대체로 여행은 가지 않는 것이 좋다. 부득이하게 가야 한다면 단체여행이나 그룹 여행은 갈 수도 있겠다. 여행 도중 한눈팔지 말고 정신집중을 요한다.
출산(出産)	남자아이든 여자아이든 순조롭게 낳는다. 대개 초산이면 아들이나 이미 아들이 있다면 딸일 수도 있다.

분실물	잃어버린 물건은 찾는 것이 거의 불가능하다고 생각해야 한다. 간혹 서남쪽에서 찾아본다면 실낱같은 희망이 보일 수도 있다.
대인(待人)	기다리는 사람은 올 사정이 못 되지만 간절히 기도하면 늦게라도 올 수도 있다(혹 온다면 辰日이나 戌日에 오기도 한다).
계약(契約)	계약하는 운은 괜찮은 편이다. 자신에게 유리한 입장만을 고수하게 된다면 곧 눈앞에서 성사될 수 있는 일을 놓칠 수도 있으니 융통성이 있게 대처하는 것이 길하다.
가출한 사람	대개는 돌아온다. 사람들의 왕래가 빈번한 곳 중에서 짐작이 가는 곳을 찾아보는 것이 좋고, 종종 절이나 산속에 숨어 있기도 한다. 서북쪽이나 동북쪽을 더 유심히 살펴보는 것이 좋다.

천풍구(天風姤) 1·5괘 ☰ ☴

운세(運勢)	분명한 하나의 목표를 세우지 못하고 우왕좌왕하다가 사기나 재난, 불상사, 이성 문제를 겪을 수 있는 운세이므로 조용히 자신을 돌아보고 자중해야 이롭다. 새롭게 일을 시작하는 것은 중단하고 뒷날로 미루는 것이 좋다. 비록 시급한 일일지라도 잠시 쉬면서 일의 추이를 객관적으로 바라보는 시간을 가지는 편이 이롭다. 남성은 여자에게 미혹되지 않게 유의하고, 여성은 냉정을 잃지 말아야 한다. 남녀 모두 분수를 지켜야 이롭다.

재수(財數)	남에게 사기 당하기 쉬우므로 잘 살펴서 대처해야 한다. 자신이 바라는 액수의 절반만 들어와도 크게 만족해야할 운세다. 비록 재물이 들어와도 지출이 많아질 수 있는 때이다.
사업(事業)	때가 왔다고 무턱대고 진행할 것이 아니라, 현상 유지를 위해 신중히 생각해야 할 때이며, 특히 여자 때문에 실패가 많을 운세이니 주변 정리를 깨끗이 하지 않으면 후회할 일이 생기니 조심해야 한다. 늦게야 사업 성공의 가닥이 잡히므로 차근차근 풀어나가야 한다. 따라서 사업 확장은 하지 않는 것이 좋다.
소원(所願)	간혹 우연히 여성의 도움으로 소망이 달성될 수도 있으나 대체로 소원은 성취되기가 어렵다. 특히 커다란 일이나 문제에 대한 소원은 이루기가 어렵다.
입학(入學) 취업(就業)	입학과 취업이 어려운 운세이다. 단 특수한 학교(미용학교나 호텔학교)나 특수한 업종(유흥업, 수산업)은 가능성이 있다. 특수기술을 가진 사람도 취업이 가능하다. 승진은 불리하다.
건강(健康)	전염성 질환, 성병, 두통, 뇌일혈, 소화불량, 항문병에 주의해야 한다. 병세가 나빠지기도 하지만 시간이 지나면 깨끗이 낫는다.
결혼(結婚)	좋지 않다. 만일 결혼한다면 서로에게 안식처가 되지 못하므로 오래가지 않는다. 급히 서두르지 말고 신중히 생각하는 것이 이롭다.
재판(裁判)	해봐야 패소하므로 가능하다면 화해하는 것이 길하다.

사고파는 거래	진행 중에 뜻하지 않는 일이 생겨서 매매가 성사되기 어렵다. 간혹 뜻하지 않은 귀인의 도움으로 성사되는 수도 있으니 심사숙고해서 결정해야 길하다. 거래 상대자가 여성이라면 매매하지 않는 것이 길하다. 주식은 보합세이다.
이전(移轉)	이전이나 이사는 불길하니 중지하는 것이 이롭다.
여행(旅行)	동행하는 여성이 있는 가벼운 여행은 무난하지만, 동성(同性)만으로 구성된 여행은 자제하는 것이 좋다.
출산(出産)	출산할 때 어려움이 따르기도 한다. 간혹 이미 죽은 아기를 낳기도 한다. 초산이면 아들이고, 아들이 이미 있다면 딸일 수도 있다.
분실물	집안에서 잃었다면 찾으면 발견된다. 집 밖에서 잃었다면 대개 찾기 힘드나 간혹 즉시 잃어버린 장소를 찾아가면 그대로 있기도 한다. 없다면 분실물센터 같은 곳에 가보면 있을 것이다. 또는 여성이 가지고 있기도 하고, 동남방에서 찾기도 한다.
대인(待人)	기다리는 사람은 안 오고 편지만 오기도 하고, 우연히 길에서 만나기도 한다. 이쪽에서 먼저 부르면 오기도 한다.
계약(契約)	안 하는 것이 좋겠다. 서두르다가 속임수에 빠져 곤란한 처지가 될 수가 있다. 가장 잘 된다고 하더라도 본전을 건질 수 있는 정도이다.
가출한 사람	어떤 것에 정신이 팔려 집을 나갔을 가능성이 농후하므로 돌아오기가 어렵겠다.

운세(運勢)	궁지에 처한 위험을 지니고 있는 좋은 운세로서, 이 괘를 얻은 사람은 현재 융통성 없는 외골수 상태가 많으므로 융화와 자비의 덕을 갖추고서 결단을 내려야 할 시기가 되었음을 의미한다. 즉, 이혼할 것인가 지속할 것인가, 거래처나 직원을 자를 것인가 말 것인가, 정적을 제거할 것인가 말 것인가 하는 것들을 결정해야 한다. 가능하다면 일 처리가 냉정하고 빠를수록 결과는 좋아진다. 그러나 관용 없이 지나친 자신감으로 분별없이 강하게 밀고 나가면 장애(하극상, 배반)와 실패를 겪게 된다.
재수(財數)	재물 운수는 좋다. 그러나 너무 욕심을 부리지 않는 것이 좋고, 자기 이익만 생각지 말고 상대방의 입장을 고려해 주는 것이 이롭다. 주위 사람으로부터 미움을 사지 않도록 신중하게 처신해야 한다.
사업(事業)	현재 발전하는 업종은 더욱 발전하므로 힘 있게 추진해도 괜찮으나, 현재 불황인 업종은 사업계획을 잘 손질해서 한걸음 물러나는 태도로 때를 기다리는 것이 길하다. 사업 확장은 안 하는 게 좋으며, 이성 문제가 발생할 수 있으니 조심해야 한다.
소원(所願)	지금 당장 소망하는 것을 이루기는 약간 무리이며, 시간이 필요하므로 때를 기다려야 한다. 무리하게 소원을 이루려 하면 상처를 입기 쉬우니 인내하면서 기다리면 조금 늦지만 바라던 바를 이룰 수가 있다.

입학(入學) 취업(就業)	지금까지 갈고 닦은 실력 발휘에 최선을 다하면 희망하는 학교와 바라던 직장에 들어갈 가능성이 높다. 자신감을 가지되 교만은 금물이다. 승진은 길하다.
건강(健康)	호흡기 질환, 구토, 변비, 부종, 머리의 외상에 주의해야 한다. 현재의 병세는 차츰 좋아진다.
결혼(結婚)	두 사람의 연분은 길한 편이나.
재판(裁判)	서로 간에 화해하는 것이 이롭다. 굳이 재판을 해야겠다고 생각한다면 신속하게 재판을 진행하는 것이 낫다.
사고파는 거래	상대방이 매매의 의사가 확고하면 바로 사두는 것이 좋다. 조만간 성사되므로 서두르지 말고 상대가 응해올 때까지 조용히 기다리는 것이 좋다. 주식은 계속 상승하다가 급락한다.
이전(移轉)	넓은 평수로 이전, 이사는 괜찮다. 좁은 평수로 이사나 이전을 하는 것은 잠시 미루고 조금만 더 기다리는 것이 좋다.
여행(旅行)	대체로 무난한 여행이다. 간혹 뜻하지 않은 귀인의 도움을 받기도 한다.
출산(出産)	남자아이든 여자아이든 순조롭게 낳는다. 초산이면 대체로 딸이다.
분실물	대개는 찾을 수 없거나 물건이 망가져 있기도 한다. 실내에서 분실한 것은 간혹 높은 곳에 있기도 하며, 작은 것은 여자물건을 두는 장소에서 발견되기도 한다.
대인(待人)	기다리는 사람이 여성이면 머지않아 나타난다. 남성이라면 오지 않으나 간혹 시간이 걸려서 나타나기도 한다.

계약(契約)	계약을 성사시킬 시기가 되었으므로 상대방을 예우하면서 적극적으로 시도하면 길하다. 그러나 너무 내 방식대로 강제적으로 밀어붙이면 상대가 주춤하고 물러난다.
가출한 사람	오랜 시일 뒤에 소식을 듣게 되거나 돌아오게 된다.

택풍대과(澤風大過) 2·5괘 ☱ ☴

운세(運勢)	과도한 확장으로 뒷감당을 못 하고 있거나 육체적 쾌락에 빠져 끊지 못하는 상황 등, 마치 노약자가 무거운 짐을 지고 태산을 헤매는 것과 같은 기진맥진의 상태이다. 외면은 호화로우나 내면은 텅텅 비어 있으므로 좋은 결과를 바랄 수 없다. 그러나 강한 의지력으로 중요문제만이라도 해결하여 짐을 가볍게 하고 주위의 조언과 도움을 받는다면 위기를 극복할 수 있다.
재수(財數)	위기에 봉착해 있으므로 재수는 불길하다. 따라서 절대적으로 절약해야 하며, 분수에 지나치면 손재수가 발생하게 된다.
사업(事業)	당신이 맡고 있는 모든 일은 당신의 실력으로는 감당할 수가 없으므로 손을 떼는 편이 낫다. 나중에 또 좋은 기회가 생기게 될 것이므로 일단 마음을 접고 뒷날을 기약하는 것이 현명하다. 사업 확장은 생각하지 말고 오히려 축소를 고려해야 할 상황이다. 지금까지 수많은 곤란을 겪고 힘차게 달려왔다면, 오래지 않아서 현재의 난관을 모두 극복할 수 있을 것이다.

소원(所願)	일반적으로 소원성취는 불가능하다. 외면적으로는 가능한 것처럼 보여도 실제적으로는 이루기가 어렵다고 보아야 한다. 미련을 두지 않는 것이 좋다. 간혹 지성이면 감천이라는 말이 실현될 때도 있으나, 이런 일은 잘 일어나지 않는다.
입학(入學) 취업(就業)	희망하는 곳은 들어갈 수 없다. 자신의 실력보다 좀 더 낮고 쉬운 곳을 응시하는 편이 낫다. 간혹 과거에 알고 지내던 관계로 인해 취업하거나, 옛날에 일을 잘한 경험이 있는 일이라면 종종 취직되는 경우도 있다. 승진은 불리하다.
건강(健康)	설사, 토사, 부종, 위장병, 복막염, 요통 등 고통을 수반하는 질병에 주의해야 한다. 대개는 시간이 지나면 병세가 호전되지만, 오랫동안 고생해온 사람은 간혹 일시적인 위험상태가 오기도 하므로 주의해야 한다.
결혼(結婚)	서로 성격 차이가 나서 잘 안 맞는 등 결혼하기에는 부적합하다. 정식결혼에는 적당치 않지만, 간혹 후처(後妻)나 후부(後夫)로 혼인이 성사되기도 한다.
재판(裁判)	소송에서 이길 수 있을 것처럼 보여도 의외로 패소한다. 서로 간에 화해를 하는 것이 이롭다.
사고파는 거래	대개 매매는 하지 않는 것이 좋다. 팔아도 별무소득이고, 산다면 나중에 수중에 돈이 궁해질 수가 있다. 나쁘면 사기나 해약 등 장애가 발생할 수도 있다. 주식은 폭락한다.
이전(移轉)	이사나 회사 이전은 시기가 좋지 않다. 보류하는 것이 이롭다.
여행(旅行)	시기가 나쁘다. 모든 행동에 무리가 올 수 있으므로 주의해야 하며, 여행은 다음으로 미루는 것이 좋다.

출산(出産)	남자아이든 여자아이든 무난히 출산하나 종종 아이가 너무 커서 난산이 되기도 한다. 대개 딸을 낳기 쉽다.
분실물	남에게 공짜로 주었다고 생각하라. 찾아내기가 쉽지 않다.
대인(待人)	서로 어긋나는 운세이므로 오지 않는다고 생각하고 기다리지 말라.
계약(契約)	계약하는 것은 본인에게 무리라고 생각하라. 설령 계약했다고 하더라도 중도에 장애가 발생하거나 이득이 잘 발생하지 않는다.
가출한 사람	돌아오지 않으므로 기다리지 말고 현재 자신의 삶에 충실히 하는 것이 현명하다.

화택규(火澤暌) 3 · 2괘 ☲ ☱

운세(運勢)	호랑이가 함정에 빠져 울부짖지만 누구 하나 구원해주지 않는 형국이니, 매사에 되는 일이 없고 희망이 사라지는 나쁜 운세다. 또한 두 명의 여성이 한 남성을 놓고 쟁탈하는 상태로서, 싸움과 질투가 많아 상호 간에 알력, 배반 등으로 좌절을 맛보기 쉬우며, 부부간 또는 부모자식 간에 갈등과 불화, 이별이 발생하기 쉽다. 부하나 직원의 횡령, 배신, 또는 관재구설을 조심해야 한다.
재수(財數)	금전유통에는 그리 궁색을 느끼지 않는 편이나 입금(入金)되더라도 소음이 발생하는 경향이 있다.

사업(事業)	생각하는 대로 되지 않아 고민이 많고, 갈등과 분쟁이 발생하기 쉬우므로 잠시 쉬는 편이 좋다. 쇠약한 운세 때문에 적극적으로 사업을 진행하다가는 잘못된 방향으로 나아가 아무런 이득도 건지기 어려운 상황에 처하게 된다. 따라서 마음을 비우고 언행을 조심하는 태도를 취하는 것이 좋다.
소원(所願)	방해 등으로 소망하는 바가 이루어지기가 어렵다. 간혹 생각지도 않은 도움을 받는 경우가 있기도 하지만, 막연한 희망 내지는 다소 무리한 내용의 소망은 두지 않는 것이 좋다.
입학(入學) 취업(就業)	일류대학이나 큰 회사는 들어갈 수 없다. 특수기술이나 예술 예능 방면이 가능성이 엿보이고, 자신의 실력보다 좀 더 낮고 쉬운 곳을 응시하는 편이 낫다. 연줄이 있다면 작은 가게 같은 곳에 취직은 가능하다. 승진은 길하다.
건강(健康)	건강 운세는 좋지 않으므로 고혈압, 정신질환, 호흡기 질환, 월경불순 등의 질병과 각종 사고에 주의해야 한다. 오진(誤診)이 발생할 수도 있으므로 가능하다면 병원이나 의사를 바꾸어 보는 것도 좋다.
결혼(結婚)	결혼해도 화근이 발생하여 결혼하지 않은 것만 못하므로 안 하는 게 좋겠다. 이미 결혼한 부부는 서로 미워하거나 다툼이 발생하기 쉬우므로 잠시 냉각 기간을 갖는 것이 좋다.
재판(裁判)	재판은 하지 않는 것이 이롭다. 서로 간에 화해하는 것이 길하다.

사고파는 거래	사고파는 매매행위를 하지 않는 것이 길하다. 굳이 팔고 자 한다면 손해를 감수할 각오를 가지고 하되, 될 수 있으면 며칠 늦춰서 파는 게 좋겠다. 주식은 계속 하락한다.
이전(移轉)	거주지 이사나 가게 이전은 딱히 좋다고 할 것이 없으나, 가까운 거리면 무난하다.
여행(旅行)	여행은 불길하므로 가지 않는 것이 좋다. 굳이 가야 한다면 가깝고 가벼운 짧은 기간 여행은 가능할 수도 있다.
출산(出産)	출산은 대체로 무난하나 출산예정일을 당겨서 낳아도 좋다. 간혹 유산, 조산, 난산이 되기도 한다.
분실물	찾는 것을 포기하는 것이 좋다. 간혹 집안에서 분실한 작은 물건은 종종 집안의 다른 장소에서 발견되기도 한다.
대인(待人)	종종 돌아오기도 하지만 와서는 다툼이 생기거나 다시 나가기도 하므로 기다리지 않는 것이 좋다.
계약(契約)	상대와의 계약이 잘 이루어지지 않는 편이나, 계약이 성사되더라도 나중에 갈등과 다툼이 생기기 쉬우므로 애초부터 계약할 생각을 하지 않는 것이 좋다.
가출한 사람	대체로 돌아오지 않는 편이나, 가출한 여성은 더더욱 돌아오지 않는다.

운세(運勢)	바다에서 진주를 구하는 형세로 어려움에 처해있지만 경거망동이나 무리수를 두지 말고, 인내심을 가지고 부단한 노력과 겸손한 마음으로 부족한 실력을 기르면서 때를 기다려야 마침내 성공할 수 있다. 어떤 일이든 천천히 할수록 운세가 좋아지고, 곤란할 때 선후배나 상사에게 도움을 청하는 것도 좋은 방법이다. 현재 여자 운세가 강하므로 여자 말을 따르는 게 낫다.
재수(財數)	궁색하지 않을 정도로 금전유통은 되나, 급하거나 큰돈은 잘 이루어지지 않거나 더디다. 바라는 바에 미치지 못하더라도 좌절하지 말고 여유를 가지고 서서히 쉬지 말고 노력해야 이롭다.
사업(事業)	사업을 새로 시작했다면 금방 성공하기를 바라지 말고, 내부의 약점을 보완하면서 천천히 기반을 다지는 것이 중요다. 원하는 바에 못 미치는 현재의 상태가 답답하고 싫증 나겠지만 미래를 위해 실력을 기르면서 노력하면 시간이 갈수록 서서히 좋아진다. 물론 사업 확장은 다음으로 미루는 게 좋다.
소원(所願)	조급하게 서두르지 말고 천천히 계속해서 노력하면, 힘이 들고 시간이 걸리더라도 늦게는 소망이 달성된다.
입학(入學) 취업(就業)	자신의 실력이 부족하여 희망하는 곳에 들어갈 수 없다. 먼저 자신의 실력을 배양하면서 자기 주위의 인간관계를 원만히 해나가면 상황이 서서히 호전되어 기회가 생길 것이다. 승진은 불리하다.

건강(健康)	전염성 질환, 유전성 질환, 방광과 항문계통 질환, 혈압 등에 주의해야 한다. 병세는 아주 천천히 호전된다.
결혼(結婚)	처음에는 힘들고 불가능하게 보이지만 자기 수양을 통해 계속 꾸준히 성실하게 만나다 보면, 늦게라도 가능하게 되므로 희망을 버리지 않는 자세가 필요하다.
재판(裁判)	결과적으로 자신에게 도움이 안 되므로 애초부터 시작하지 않는 것이 상책이다. 서로 간에 화해를 하는 것이 길하다.
사고파는 거래	매매가 잘 이루어지지 않는다. 매매를 잠시 보류하고 여유를 갖고 좋은 시기를 기다리는 게 낫다. 일견 좋아 보여서 서둘러 사놓아도 이득을 보기는 어렵다. 주식은 현재 침체기지만 전차 회복한다.
이전(移轉)	이사나 이전을 하든 안 하든 상관없으나, 이사 안 하고 그냥 있으려니 답답하고 무언가 잘 안 풀리는 것 같으면 이사해도 무방하다. 이사나 이전이 뜻대로 잘 안되더라도, 인내하고 때를 기다리면 또다시 기회는 찾아온다.
여행(旅行)	움직이면 좋지 못하다. 가만히 있는 게 상책이다.
출산(出産)	시간은 늦어도 대체로 순조롭게 아이를 낳게 된다. 대개는 딸이다.
분실물	분실장소를 잘못 생각하는 경우도 있지만, 잃어버린 물건은 대부분 찾기가 어렵다. 간혹 높은 곳에서 발견되기도 한다.
대인(待人)	오지 않으니 기다리지 않는 것이 좋다. 종종 온다는 소식만 있고 돌아오지 않는다.

계약(契約)	계약은 아직 때가 이르다. 종종 상대가 속으로는 계약할 마음이 없는 경우가 있어서, 당분간 성사되기 힘들다. 다시금 새로운 마음으로 새로운 작업을 시도하는 편이 낫다.
가출한 사람	돌아올 기약이 없으니 기다리지 않는 게 좋다. 남편이면 간혹 형제간 집에 있기도 한다.

뇌택귀매(雷澤歸妹) 4 · 2괘 ☰☰ ☰☰

운세(運勢)	현재의 자기 입장과 처지를 무시하고 일시적 감정에 치우쳐 판단력이 흐려진 상태로서 가정적으로는 부인은 연상 남자, 남편은 젊은 여자와 애정 문제로 가정불화가 발생하기 쉽고, 사업적으로는 반품사태나 어린 여자에 의해 업무 파탄이 발생하기 쉬우며, 학생은 재수, 삼수의 비운을 겪기 쉬운 심신이 피곤한 운세이다. 즉, 상대방이 나에게 무언가 노림수를 지니고 있는 운세이니 반성하고 자중해서 자신의 자리를 지켜야 길하다.
재수(財數)	재수운이 별무신통이므로 자신이 가지고 있는 재물을 새로운 곳에 투자하지 말고 잘 가지고 있어야 이롭다. 금전 관계로 애로를 겪고 있다면 젊은 여성에게서 일시적으로 변통할 수 있으나, 근본적으로 해결할 수 있는 길을 서둘러 모색해야 길하다.

사업(事業)	처음은 잘되는듯해도 갈수록 뜻대로 잘되지 않으니 내부 정리가 필요하며, 올바른 경영윤리에 입각하여 단기적 계획보다는 장기적, 종합적 계획을 세워서 사업을 차근차근 단계적으로 경영해야 순조로울 때이다.
소원(所願)	장애가 있어서 소원을 이루기가 어렵다. 만약 소망의 일부분이라도 이루어진다면 뜻밖의 커다란 행운이다.
입학(入學) 취업(就業)	자신이 원하는 일류학교나 유명 대기업에 들어가기는 어렵다. 자신의 점수나 실력보다 낮춰서 응시하는 편이 낫다. 승진은 불리하다.
건강(健康)	신경성 질환, 성병, 각기병 등에 걸릴 수가 있으니 유의해야 한다. 병세는 설상가상으로 약을 써도 쉽게 호전되지 않을 수가 있다. 여성은 더욱 건강에 주의해야 한다.
결혼(結婚)	정식 결혼을 올릴 경우에는 불길하므로 하지 않는 것이 좋다. 다만 첩(작은 부인)으로 혼인하는 것은 가능하다.
재판(裁判)	재판하는 것은 크게 이롭지 못하므로 처음부터 시작하지 않는 것이 길하다. 서로 간에 화해를 하는 것이 이롭다.
사고파는 거래	사고파는 매매행위를 하지 않는 것이 길하다. 파는 것은 시기가 좋지 않고, 사는 것 역시 뒷감당하기 어렵다. 주식은 지금 최고 시기이니 곧 하락한다.
이전(移轉)	이사나 이전은 하든 안 하든 상관없으나, 옮긴다면 이제까지 가졌던 마음가짐을 버리고 완전히 달라지겠다는 새로운 자세로 이사하면 길하다.
여행(旅行)	여행을 가고 싶어도 가지 않는 것이 이롭다. 이성 문제가 발생하기 쉽다.

출산(出産)	순조롭게 아이를 낳게 된다. 대개 아들이다. 간혹 아이가 크면 난산이 되기도 한다.
분실물	찾는 것을 포기하는 것이 좋다. 간혹 여성이 가지고 있거나 동쪽 혹은 서쪽에서 발견되기도 한다.
대인(待人)	기다리는 쪽에서 먼저 연락하게 되면 반드시 소식이 온다.
계약(契約)	긍정적인 결과를 가져오기 힘들므로 무리하게 교섭을 시도할 필요가 없고 냉정한 판단을 내려서 계약을 포기하고 물러서야 한다. 만일 계약을 성사시킨다면 재물의 손실은 불가피하게 된다.
가출한 사람	가출한 사람은 돌아올 마음이 없으므로 찾으려고 하지 않는 것이 좋다. 남녀 간에 생긴 애정으로 인한 가출은 쉽게 돌아오지 않는 경향이 있다.

뇌수해(雷水解) 4 · 6괘 ☳☵

운세(運勢)	마치 죄인이 감옥에서 풀려나오는 거와 같이 고생하고 어려웠던 일들이 순조롭게 해결되는 희망의 운세지만, 지금까지 잘 풀린 사람은 행복이 깨어지고 결속력이 풀어질 수도 있는 불운이 찾아오기도 한다. 남과의 오해가 풀리거나 압류나 개발제한구역이 풀리기도 하고, 약혼이나 계약이 깨지기도 한다. 그러나 올바르고 성실하다면 만사가 풀려 부진에서 벗어나게 되는 운세이다. 이 시기를 놓치지 않고 전진하면서 때를 기다리는 것이 상책이다.

재수(財數)	당장 재수가 크게 호전되기는 어려우므로 일확천금을 꿈꾸지 않는 게 좋으며, 성실하게 일하면 일한 만큼의 효과는 있다. 따라서 티끌모아 태산의 자세로 차근차근 벌어서 기반을 다져나가야 길하다.
사업(事業)	현재 사업 중이던 사람은 규제나 자금난 등이 풀려 대길하고, 유능한 부하직원을 잘 두면 지금까지의 부진을 만회하게 된다. 새로운 계획은 잘되기도 하지만 물거품이 되기도 하며, 간혹 해약사태가 발생하기도 하므로 주의해야 한다.
소원(所願)	새로운 계획이나 소원은 금방 성취되기 어려우나, 오래전의 소망은 성취되기도 한다. 대체로 시간이 걸려야 소원이 이루어지는 경향이 있으므로 희망을 버리지 말고 꾸준히 노력해야 한다.
입학(入學) 취업(就業)	오랜 숙원이 이루어진다. 꿈꾸던 일류학교에 들어갈 수 있게 되며, 연줄이 닿는 사람으로 인해 뜻밖에 좋은 직장을 소개받기도 한다. 적극적으로 진행하면 들어갈 수가 있지만 늦추면 이롭지 못하다. 승진은 불리하다.
건강(健康)	복통, 위경련, 신장결석, 암 등에 걸릴 수가 있으니 유의해야 한다. 병세는 점차 호전된다. 오래된 병은 위험해질 수도 있다.
결혼(結婚)	오랫동안 어렵게 끌어오던 혼담은 이루어지고, 이미 다 이루어진 혼담은 종종 깨어지기도 하므로 결혼을 서두르는 편이 좋다.
재판(裁判)	서둘러 진행하면 승소할 수가 있다. 간혹 중도에 화해하기도 한다.

사고파는 거래	좋은 기회가 왔으니 매매하면 길하다. 주식은 상승세.
이전(移轉)	이사나 이전을 하려고 마음을 먹었으면 서둘러 진행하면 이루어진다. 이제까지 고심해오던 일이 해결된다.
여행(旅行)	괜찮다. 드라이브나 하이킹 등의 여행으로 유쾌해질 수 있다.
출산(出産)	순조롭게 아이를 낳게 된다. 대개 아들을 낳는다.
분실물	잃었다고 생각이 들 때 바로 찾으면 찾을 수가 있다. 집에서 분실했다면 집안의 높은 곳이나 옷장, 경대, 서랍 속에서 찾기도 하고, 밖에서 분실한 물건은 분실물센터나 동쪽 방향, 또는 북쪽 방향에서 발견되기도 한다.
대인(待人)	걱정하지 마라 기다리는 사람은 돌아온다. 기다리는 쪽에서 연락하게 되면 기쁜 소식이 온다.
계약(契約)	계약해도 괜찮다. 그동안 오래 끌던 계약이라면 긍정적으로 성사될 것이다. 성사되더라도 간혹 해약될 수도 있으므로, 절차에 필요한 서류 등을 사전에 철저히 준비해 두어야 한다.
가출한 사람	늦어도 찾을 수 있다. 가출한 지 오래되었으면 이제 돌아올 때가 된 것이다.

운세(運勢)	남의 원망과 사고위험이 도사리고 있으니, 밖에 나가서 적극적으로 무엇을 해보려 하기보다는 집을 지키는 여인처럼 행동을 조심하고 구설을 경계하여 인간관계의 정리나 채권, 채무의 정리 등 내부정비를 차분히 진행하거나, 평소 하던 일에 충실하되 가내공업이나 부업 등 집안에서 새롭게 일을 시작하려 할 때도 독단적으로 혼자서 고민하고 결정하기보다 위나 아랫사람, 부부, 동업자 등과 서로 상의하고 협조를 구하면 뜻한 바를 이루는 운세이다. 즉 내부적 일에 충실하면 좋은 운세이나 외부적인 일에 치중하면 나쁜 운세다.
재수(財數)	당장에 쓸 용돈은 궁함이 없을 정도이지만 큰돈을 만지는 것은 어렵다. 한 번쯤 발전성이 있는 회사 주식을 사두는 것도 괜찮다. 어쨌든 시일이 걸리겠지만 소액의 금전이라도 들어오는 운수이다.
사업(事業)	발전이 늦은 편이나 동업자나 부인의 도움을 얻어 내부적으로 화합하고 정비해서 가내(家內)에서 하는 사업이나 부업에 충실하면 발전 가능성이 크다.
소원(所願)	타인의 협력으로 소원하는 바를 이루게 된다.
입학(入學) 취업(就業)	입학과 취업이 가능하다. 면접 시에는 좀 더 투지가 있고 당당하게 자기 생각을 올바르게 피력하는 연습이 필요할 것이다. 좋은 경력이 있으면 취업에 더욱 이로울 것이다. 승진은 대길.

건강(健康)	피로로 인한 몸살, 월경불순, 정신질환, 신장과 심장의 질환을 주의해야 한다. 또한 몸을 따뜻하게 유지하고 과도한 정력 소모를 피하는 것이 좋다.
결혼(結婚)	결혼은 무사히 성사된다. 독단적으로 진행하는 것보다 주위의 도움을 받는 것이 좋다.
재판(裁判)	재판을 한다 해도 결과적으로는 자신에게 별 도움이 안 되므로 애초부터 시작하지 않는 것이 상책이다. 서로 간에 화해를 하는 것이 길하다.
사고파는 거래	자기 자신의 가족 일원이 살게 될 주택이나 아파트 등과 관련된 매매일 경우에는 조만간에 이루어진다. 그 밖의 일에 관련된 매매행위는 손해를 보기 쉽다. 주식은 한때 상승하나 곧 하락.
이전(移轉)	가족이나 가정을 위한 이사나 이전은 해도 무방하다.
여행(旅行)	바람을 쐰다는 기분으로 가까운 곳에 여행하는 것은 괜찮다. 너무 먼 곳으로의 여행은 다음으로 미루는 게 낫다. 가족과 함께라면 무방하다.
출산(出産)	남자아이든 여자아이든 순조롭게 출산한다. 대개 딸이다. 아들이 없다면 아들을 낳을 수도 있다.
분실물	꼭 찾으려 한다면 찾을 수가 있다. 주로 가정 안에서 발견되는 경우가 많다. 간혹 북쪽 방향에서 발견되기도 한다.
대인(待人)	인내심을 가지고 꾹 참고 기다리면 조만간 돌아온다.
계약(契約)	가족과 가정을 위한 계약이라면 무난하게 이루어진다. 대개 부인이나 다른 여성의 협조로 성사되는 경향이 있다.

가출한 사람	오래지 않아서 집으로 돌아온다. 가출한 사람이 남편이면 종종 남쪽 방향에서 발견되기도 한다.

풍산점(風山漸) 5 · 7괘 ☴ ☶

운세(運勢)	서서히 굵어지고 자라나는 나무와 같이 작은 것이 쌓여 큰 것이 되어가고, 계획한 일이 노력한 결과로 서서히 기초가 잡혀가는 성장발전의 상태에 있는 운세이다. 모든 일을 점차적으로 순서를 밟아서 끊임없는 노력과 성실을 기울인다면 사업 성장, 직장승진, 시험합격, 선거당선 등 풍성한 결실을 거두겠지만, 급진하거나 비 단계적인 행동을 하면 불길해진다. 또한 주위환경으로 인해 색난에 빠질 우려가 있으므로 주의해야 한다. 아울러 모든 사물에 관심을 두고 깊이 생각하면 좋은 아이디어가 떠올라 나중에 큰 이익을 낼 수 있는 좋은 운세이기도 하다.
재수(財數)	현재의 금전 상태에 만족하지 못하지만, 금전이 점점 호전될 것이다. 급히 먹는 떡이 체하므로 무모한 전진은 삼가야 한다.
사업(事業)	서서히 발전 성장하는 좋은 운이니 꾸준히 노력하면 노력한 만큼의 성과가 나타난다. 새로운 사업이나 현 사업의 확장도 단계적으로 견실하게 진행한다면 무난히 성장할 수 있는 시점이다.

소원(所願)	지금까지 소망해오던 일이 서서히 이루어진다. 당장 이루어지지는 않아도 차츰차츰 언젠가는 이루어지므로 조급한 마음을 내려놓아야 한다.
입학(入學) 취업(就業)	자기 실력 이상의 학교라도 꾸준한 노력을 계속하면 들어갈 수 있고, 취직 또한 무난히 이루어진다. 직장인이라면 승진할 수 있는 때이다. 승진은 불리하다.
건강(健康)	변비나 소화기 계통질환에 조심해야 한다. 노약자들은 더욱 섭생에 유의해야 한다. 병세는 서서히 나아지게 된다.
결혼(結婚)	남성과 여성 모두 좋은 배필을 얻을 수 있는 결혼이다.
재판(裁判)	재판을 진행해도 불리할 것이 없다. 승소할 확률이 높다.
사고파는 거래	사든지 팔든지 조급하게 하지 않고 차근차근 진행한다면 매매해도 좋다. 주식은 서서히 상승한다.
이전(移轉)	이사나 이전은 당분간 보류하는 것이 좋다.
여행(旅行)	사업상의 여행이나 출장이 생겨날 수 있는 때이므로 여행해도 좋다. 주말이라면 가족과 더불어 온천여행을 떠나도 좋을 것이다.
출산(出産)	남자아이든 여자아이든 순조롭게 출산한다. 간혹 출산하는 시간이 지연될 수도 있다. 초산이면 대개 아들이다.
분실물	쉽게 찾기는 어려우나 시간이 지나가면 천천히 나타나기도 한다. 종종 선반이나 다락에서 발견되거나 어린 남자아이가 가지고 있기도 한다.
대인(待人)	시간이 지연되기는 하지만 나중에라도 돌아온다.

계약(契約)	단계적으로 절차를 밟으면서 계속 노력하면 서서히 성사된다.
가출한 사람	시간이 지연되기는 하지만 인내심을 가지고 기다리면 나중에라도 돌아온다.

수화기제(水火旣濟) 6 · 3괘 ☵ ☲

운세(運勢)	어려운 쇠운을 지나 현재는 운세가 왕성한 꼭대기지점에 와 있어서 게으름을 피우는 형국이니, 현재의 호조상태를 잘 유지하기 위해서는 투자나 확대의 과욕을 버리고, 마음의 안정과 굳은 의지로 예상되는 내리막길의 어려움에 대비해야 굴곡이 적을 것이다. 즉 지금은 새로운 일을 시작하고 확대하는 경솔함보다는 재정비를 통한 현상 유지에 온 힘을 다 기울여야 이롭다.
재수(財數)	눈앞의 적은 돈은 조촐히 들어온다. 전부터 들어오기로 예정된 것은 들어오지만 새롭게 많은 재물이 들어오기를 기대하기는 어렵다. 대체로 재물 운수는 안정적이다.
사업(事業)	지금까지 경영해오던 사업의 결과가 이미 나와 있는 상태이므로, 새로운 사업을 시작하거나 확장하기보다는 재정비를 통한 현상 유지에 온 힘을 다 기울이는 것이 좋다.
소원(所願)	일시적인 것은 이루어진다. 소망하는 결과가 다소 늦게 나타날 수도 있다. 장래의 계획을 확고히 설계할 시기이다.

130

입학(入學) 취업(就業)	대체로 입학과 취업운은 괜찮다. 윗사람의 권고를 받아들이면 입학과 취업이 꼭 이루어진다. 직장을 옮기지 말고 기다리면 멀지 않아 운이 풀린다. 승진은 고위직이라면 길하다.
건강(健康)	위장, 방광, 심장 계통의 질환에 주의해야 한다. 겉으로는 심한 것 같지 않아도 속으로는 많이 악화되었거나, 아니면 현재 매우 조심하지 않으면 안 되는 상태일 경우가 있다.
결혼(結婚)	남성과 여성 모두 원만하게 결혼이 성사된다.
재판(裁判)	재판하면 별무소득이거나 불리할 수 있으므로 서로 간에 화해를 하는 것이 길하다.
사고파는 거래	매매가 성사된다. 종종 사고파는 거래로 인해 커다란 이득을 보기도 한다. 주식은 하락세이다.
이전(移轉)	이사나 이전은 아내의 의사를 따르는 것이 무난하다. 잠시 보류하고 다른 곳을 알아보는 것도 괜찮다.
여행(旅行)	가까운 거리의 여행은 괜찮다. 너무 먼 장거리 여행은 간혹 피로와 병의 재발을 가져오기도 하므로 주의해야 한다.
출산(出産)	남자아이든 여자아이든 순조롭게 출산한다. 대개 딸이다.
분실물	집안에서 분실한 것은 종종 찾게 되나, 외부에서 잃는 물건은 이미 내 물건이 아니라고 생각해야 한다. 간혹 서북쪽에서 찾기도 한다.
대인(待人)	기다리는 사람은 돌아오지만, 종종 늦게 나타난다.
계약(契約)	이미 진행 중이던 것은 계약이 성사되지만, 이제 시작하기는 쉽지가 않다.

가출한 사람	머지않아 집으로 돌아온다. 가출한 사람이 아내라면 간혹 연상의 사람과 동거하고 있거나 섬에 가 있기도 한다.

수산건(水山蹇) 6 · 7괘 ☵ ☶

운세(運勢)	모두가 내게 등을 돌리고 거들떠보지도 않으니 전진은커녕 후퇴해야 살 수 있다. 하지만 다리마저 쩔뚝거리고 있어 가장 고통스러운 최악의 운세다. 현재 주변의 여건이 매우 불리하고 운세가 막혀서 파탄, 이별, 부도, 배신, 사기, 도난, 파산, 질병, 각종 사고 등이 발생하기 쉬우므로 주변과 타협하고 독선을 부리지 말며, 투자확대나 일의 진행을 중단하고 내부를 정리 축소해야 한다. 부질없이 시간 낭비하지 말고 책이나 인터넷 등을 통해서 지식을 흡수하여 다음 시기가 올 때까지 조용히 쉬는 것이 상책이다.
재수(財數)	현금이 구해지지 않는다고 이자를 내는 돈을 섣불리 빌리다가는 담보마저 압류되기 쉽다. 욕심을 내려놓고 인내를 가지고 때를 기다리는 것이 현명하다.
사업(事業)	위기에 처해 있는 것을 당장 타개해 보려고 서두를수록 피해가 더 커지므로 중단할 수 있는 일은 중단하고, 내부 인사도 적재적소에 배치정리 축소하며 저리융자로 자금 조달하는 등 내부긴축경영으로 난국을 타개 정리한 후, 사업보다는 인생 철학을 배우면서 다음 때를 기다리는 것이 현명하다.

소원(所願)	소원은 이루어지지 않는다. 막연한 희망도 갖지 않는 게 좋다. 자신의 능력을 반성해야 하는 때이다.
입학(入學) 취업(就業)	일류학교나 유명대기업에 들어가기는 어렵다. 실력이 부족하고 운세마저 약하다. 직장은 소규모 상점이나 공장 같은 곳을 알아보는 것이 낫다. 승진은 불리하다.
건강(健康)	고혈압, 신경통, 신장병, 암, 관절 계통, 소화기질환 등에 주의해야 한다. 병세는 호전될 기미가 보이질 않는다. 지금보다 더 심하지 않게 잘 관리해야 한다.
결혼(結婚)	결혼이 성사되지 않는다. 마음에 드는 상대가 잘 응해오지 않고 차일피일 미루기만 한다. 오가던 혼담도 중지하는 게 좋다.
재판(裁判)	재판하는 것은 아주 이롭지 못하므로 애초부터 시작하지 않는 것이 상책이다. 아무리 유리한 상태라도 패소하기 쉽다.
사고파는 거래	사고파는 매매행위를 절대로 하지 않는 것이 길하다. 주식은 하락한다.
이전(移轉)	이사나 이전은 불길하므로 하지 않는 것이 좋다.
여행(旅行)	진행하려던 여행은 중단하는 것이 길하다. 사고로 몸을 다치거나 배탈이 나는 수가 있다.
출산(出産)	난산, 즉 어렵게 출산을 하거나 몹시 약한 아이가 되기도 한다. 대개가 아들이다.
분실물	찾기가 어렵다. 간혹 물건 틈에 끼어 있거나 다락이나 광 속에 있기도 하다.

대인(待人)	기다리는 사람은 돌아오지 못하므로 기다리지 않는 것이 좋다.
계약(契約)	막 진행하려고 하거나 진행하고 있는 일이라도 모두 내려 놓고 마음을 비우는 것이 이롭다. 불길한 운이므로 계약 하지 말라.
가출한 사람	당분간 돌아올 수 없으니 기다리지 않는 것이 좋다.

산뢰이(山雷頤) 7 · 4괘 ☶ ☳

운세(運勢)	상하가 서로 잘 이끌고 잘 받드는 돈독한 덕을 쌓고, 늘 감 사하고 칭찬하면 길할 운세이다. 음식을 잘못 먹어 몸에 장애가 생기거나 말을 조심하지 않은 탓으로 구설수가 생 길 수도 있으니 매사에 언어와 음식을 조심하고, 조급히 서두르지 말고 늘 신중하고 참을성 있게 대처하며, 자신 의 길이 무엇인지를 잘 생각하여 끊임없이 노력하면서 뒷 날을 기약해야 한다. 배우자나 동업자를 구할 수 있는 운 이며, 당장은 수입보다 지출이 많아서 재운도 신통치 않 지만, 위아래가 협력하면 장래에 일을 성취할 수 있는 운 이다.
재수(財數)	그런대로 괜찮은 편이다. 많은 돈을 바라지만 않는다면 생활에 필요한 돈은 들어오므로 걱정할 필요는 없다.

사업(事業)	혼자서 일을 다 맡아서 처리하는 것은 무리이므로, 조급히 서두르지 말고 요모조모 잘 따지고 살펴서 나에게 맞는 투자자나 동업자의 도움을 구하는 것이 이롭다. 서로 힘을 모아서 활기차게 전진하는 것이 길하다.
소원(所願)	도움이 있어야 가능하며, 큰 소원이라면 시일이 지나야 이룰 수가 있고, 평소의 사소한 일이라면 무난히 성취된다. 대체로 서서히 이루어지는 편이다.
입학(入學) 취업(就業)	우여곡절 끝에 입학도 가능하고 취직 역시 무난히 이루어진다. 초봉은 적은 편이나 실력 여하에 따라 뒤로 갈수록 봉급이 올라간다. 승진은 불리하다.
건강(健康)	음식 부주의로 인한 질병과 소화계통의 질병, 치통 등에 주의하여야 한다. 식사요법으로 장기간 섭생하는 것도 치유에 효과가 좋다.
결혼(結婚)	결혼이 무난히 성사되는 편이다. 때때로 마찰이 있어도 화해하고 좋아진다.
재판(裁判)	시일이 꽤 걸리는 재판이 되기 쉽다. 웬만하면 서로 간에 화해하는 것이 길하다.
사고파는 거래	매매가 순조롭지 못한 편이나 도움을 받는다면 성사가 된다. 되도록 보류해 두는 것이 좋다. 주식은 보합세.
이전(移轉)	이사나 이전은 할 수 있다. 간혹 구설이 따르기도 한다.
여행(旅行)	늘 가던 익숙한 곳은 무방하나 멀리 떠나는 여행은 보류하는 것이 좋다.

출산(出産)	남자아이든 여자아이든 순조롭게 출산한다. 간혹 예정보다 늦어질 수 있다. 대개 아들이다.
분실물	종종 상자나 서랍, 장롱 속에서 발견된다. 늦지만 찾을 수 있다.
대인(待人)	다른 사람을 통해서 아주 늦게 소식이 오는 편이다.
계약(契約)	거래할 업체의 사업체제나 상품의 질을 자세히 살펴보지 않으면 자칫 후회할 일이 생길 수도 있고, 생각의 차이로 다툼이 발생할 수도 있다. 자기 아내나 동업하는 사람의 도움을 받게 되면 무난히 계약이 성사되기도 한다.
가출한 사람	아직 돌아올 마음이 없으니 기다리지 않는 것이 좋다.

산지박(山地剝) 7 · 8괘 ☷ ☶

운세(運勢)	공든 탑이 남 때문에 무너져가고, 현재 산봉우리가 언제 무너질지 모르는 위태로운 상태에 처해 있으므로 자신과 가정, 직장, 사업 등에 도난, 사기, 교통사고, 이별, 파탄, 자격이나 지위의 박탈, 중상모략, 낙상, 상해 등의 재난이 발생할 위험이 있으니 조심해야 한다. 남자는 여자 때문에 고통을 겪고 여자는 외도로 가정 풍파를 초래하기 쉬우니, 만사에 주의하고 잘 살펴서 차분하게 대처해야 한다. 집수리나 주변 정리도 필요하며, 밖으로 허세를 부리지 말고 성실함으로써 직위 보전에 최선을 다해야 한다. 마음을 비우고 자신을 철저히 돌아보아야 하는 운세다.

재수(財數)	신통치 않으며 종종 주위 사람에게 이용당해 돈의 지출이 많이 발생하기 쉽다.
사업(事業)	전진, 확장을 선택하기보다 내부정비를 통해 사업의 규모를 축소하여 적자나 파탄을 어떻게 막느냐가 중요하다. 자신도 모르게 예상 밖의 일이나 실수하고 있는 일이 종종 발생하기 쉬우므로 마음을 비우고 즉각 정리하는 것이 현명하다. 즉 이익을 생각하기보다 손실을 먼저 막는 것이 급선무다.
소원(所願)	지금은 자신에게 능력이 부족할 때이므로 소원이 이루어지기 어렵다. 간혹 남의 방해를 받아 곤란해지기도 한다. 지금 소원이 이루어지면 오히려 손해를 볼 수도 있다. 따라서 현재는 단념하고 시기를 늦춰 잡아야 이롭다.
입학(入學) 취업(就業)	목표가 높으면 입학과 취직은 힘들다. 종종 특수한 재능을 지닌 사람은 입학하기도 한다. 자기점수보다 더 낮춰서 응시하는 편이 낫다. 승진은 불리, 단 정치계나 極上의 지위 문제라면 길하다.
건강(健康)	체력소모가 일어나고 있으니 건강관리에 유의해야 하며, 대체로 두통, 어깨 쑤심, 타박상, 낙상, 중독 증세, 피로, 피부병 등에 주의해야 한다. 간혹 절개수술을 요구하는 병이라면 빨리 낫기도 한다. 중환자라면 위험한 시기다.
결혼(結婚)	중매인에게 속아 넘어가기 쉬울 때이며, 남녀 간에 서로 격이 맞지 않으므로 혼담이 없었던 것으로 생각해야 길하다.
재판(裁判)	재판이 이롭지 못하므로 중지하고 서로 간에 화해하는 것이 길하다.

사고파는 거래	시기가 좋지 않으니 사고파는 거래(매매)를 전혀 하지 않는 것이 좋다. 주식은 계속 하락한다.
이전(移轉)	이사나 이전이 대개는 불가능하지만, 이사할 수밖에 없다면 즉시 이사하라.
여행(旅行)	밖으로 나가서 몸에 위협을 당하기 쉬우므로 즉시 중지하는 게 좋다.
출산(出産)	순산이며 대개 아들이다. 간혹 아이의 몸이 약하게 태어나기도 한다.
분실물	집에서 잃었다면 선반 위 같이 높은 데를 찾아보고, 집 밖에서 잃는 것은 찾지 못한다.
대인(待人)	기다리지 않는 것이 좋다.
계약(契約)	위험천만한 시기이므로 어떤 계약이든 모두 중지하는 게 이롭다.
가출한 사람	돌아올 기미가 보이지 않는다.

지뢰복(地雷復) 8 · 4괘 ☷ ☳

운세(運勢)	괴롭고 가난했던 시절에서 벗어나 즐겁고 행복한 좋은 운을 회복하는 기회를 다시 만나니, 어려웠던 시기를 잊지 말고 초심으로 돌아가서 전도유망한 옛 사업에 대해 다시 계획을 충분히 세우고 기초공사를 더욱 견실히 할 때이다. 재취업, 재결합, 재혼, 복직, 복학, 명예회복을 이룰 수 있는 운세이니만큼 옛일을 다시 시도하는 것이나 두 번째 시도하는 것은 좋지만, 새로운 계획이나 새로운 사람을 만나는 것은 불길하다. 7이라는 숫자에 행운이 들어있으며, 일은 대체로 늦게 성취되는 경향이 있다. 단, 운세가 돌아왔다고 자만에 빠지면 좋은 기회를 놓치게 된다.
재수(財數)	봉급생활자라면 그럭저럭 살만하나, 장사계통의 사업자는 물건구매에 필요한 자금난이 생길 수 있다. 재물이 생기는 운은 아직 이르지 않았으나 시간이 지나면서 서서히 찾아온다.
사업(事業)	업종을 바꾼다든지 새로운 사업을 시작하기보다 여태껏 해오던 원래의 사업에 복귀하는 것이 이롭다. 사업 운이 좋은 쪽으로 가고 있으니 늘 초심을 잃지 말고, 단번에 큰 것을 이루려 하기보다는 느긋하게 꾸준한 노력을 기울이는 것이 좋다.
소원(所願)	급하게 이루려 하지 말고 꾸준히 최선을 다하면 머지않아 소원을 이루게 된다. 자신의 힘이 약한 편이니 큰 성공을 바라지 않는 게 좋다.

입학(入學) 취업(就業)	늦게라도 합격한다. 過去에 응시하던 학교에 다시 원서를 내는 것이 낫다. 당장 취직되지는 않지만, 시간이 지나면 기회가 생기며, 예전의 직장이라면 수월하게 취업하기도 한다. 승진은 길하다.
건강(健康)	위장병, 복통, 부종, 발작, 각기병 등에 주의해야 한다. 오래되지 않은 최근의 병은 회복되고, 오래된 병은 재발하기가 쉬우므로 건강관리에 신경을 써야 한다.
결혼(結婚)	초혼은 이롭지 못하나 재혼은 좋다. 깨졌던 혼담이나 이혼 부부의 재결합이 다시 이루어지기도 한다.
재판(裁判)	승소하려면 시일이 많이 소요되므로 서로 화해를 하는 것이 길하다.
사고파는 거래	시일이 걸려서 매매가 이루어진다. 물건을 팔든지 사든지 간에, 느긋한 마음으로 시일을 조금 끌어서 팔거나 사면 이롭다. 주식은 변동이 있어도 다시 지금의 상태로 돌아온다.
이전(移轉)	지금 당장 이사나 이전을 하려는 것은 보류하고, 여유와 인내를 가지고 기다리면 조만간에 더 좋은 기회가 찾아온다.
여행(旅行)	짧은 기간 동안 늘 가던 가까운 곳은 무방하나 멀리 떠나는 여행은 보류하는 것이 좋다.
출산(出産)	대체로 순조롭게 출산하는 편이다. 딸일 확률이 높다.
분실물	길가 등에서 종종 분실하게 되는데, 꼼꼼히 잘 찾아보면 시일이 걸려도 찾을 수가 있다.
대인(待人)	지금 당장에 기다리는 사람은 오지 않으므로 신경을 쓰지 말고 느긋하게 기다리다 보면 나중에 아주 늦게라도 온다.

계약(契約)	약간 늦게 이루어지기도 하므로 느긋하게 여유를 가질 필요가 있다. 계약 성사를 위해 자신을 잊어야 하며, 큰 계약일 경우 처음에 계약조건을 명확히 해두어야 한다.
가출한 사람	나중에 아주 늦게라도 돌아오므로 늘 집에 있던 사람처럼 그냥 잊어버리고 사는 게 좋다.

곤위지(坤爲地) 8 · 8괘 ☷ ☷

운세(運勢)	큰 도움을 얻어 서서히 크게 성장, 성공할 수 있는 운이니, 현재 상황에 불만과 불평이 있더라도 어떤 일을 남보다 앞장서서 행하려 하기보다는 윗사람의 지시와 충고, 의견을 잘 따라주고 아랫사람의 조언을 넓은 대지와 같은 마음으로 수용해야 모든 일이 잘 풀려나가는 운세다. 진실을 왜곡하거나 속이려 하지 말고 자기욕심에 사로잡혀 힘이 센 상대방보다 먼저 가지려 하지 말며, 유순하고 성실한 자세로 순서를 지켜야 이롭다. 타인들로부터 이용당하기 쉬우므로 특별히 조심하여 잘 살피고, 어떤 일이든 꾸준히 진행하여 끝맺음을 후덕하게 하는 것이 길하다.
재수(財數)	풍족하지는 못하지만, 그런대로 견딜만하다. 서남은 이득이 있고 동북은 손실이 따른다. 시간이 지나면 나중에 좋은 시절이 찾아온다.

사업(事業)	눈에 잘 띄지 않는 발전이 있으니, 조급하게 서두르지 말고 인재를 잘 골라서 유순하고 온화한 덕으로써 꾸준한 노력을 기울이는 것이 중요하다. 남들과 상의하면 훌륭한 조언을 얻을 수 있다. 신규 사업이나 확장은 벌이지 않는 것이 현명하다.
소원(所願)	꾹 참고 기다리면 짧게는 3일이나 3개월, 길게는 3년 정도면 소원이 성취된다. 손윗사람이나 나이 많은 여성의 도움이 있으니 적극적으로 활용해도 좋을 것이다. 기다리되 성실함으로 최선을 다해야 한다.
입학(入學) 취업(就業)	입학과 취업에 대한 좋은 정보를 가진 사람과 상의하여 자신이 들어가고자 하는 학교나 학과, 직장과 부서를 하루 속히 결정을 내리는 것이 급선무다. 부동산 관련 일자리가 吉. 승진은 불리하다.
건강(健康)	소화기 질환, 근육통, 과로, 노이로제 등에 주의해야 한다. 남성은 나빠질 수 있으니 더욱 조심해야 하지만, 여성은 호전되거나 완치가 가능하다.
결혼(結婚)	혼담은 이루어진다. 상대방이 여성이면 좋은 아내가 될 것이고, 남성이면 괜찮은 남편이 될 것이다.
재판(裁判)	여자가 관련된 사건은 승소하기도 한다. 대체로 여자가 애써 노력하면 재판이 유리해지기도 하지만 무엇보다도 서로 화해를 하는 것이 길하다.
사고파는 거래	여유를 가지고 상대의 입장에서 대화를 이끌어나가면 약간 지연되더라도 매매가 무난히 이루어질 수 있다. 여성이 노력하면 더 수월하게 이루어질 수도 있다. 주식은 하락한다.

이전(移轉)	이사나 이전은 뒤로 미루는 것이 좋다. 혼자 사는 여성이라면 이사하는 것이 가능하다.
여행(旅行)	피부병이 생기기 쉬우므로 여행은 하지 않는 것이 좋다.
출산(出産)	남자아이든 여자아이든 순조롭게 출산한다. 딸일 확률이 높다. 간혹 쌍둥이 여자아이를 낳기도 한다.
분실물	밖에서 분실한 것은 찾기 어려우나 늦을지라도 종종 여자로 인해 찾기도 한다. 집안에서 분실한 것은 이불 속, 다락 안, 많은 물건이 쌓인 곳에서 발견되는 경향이 있다.
대인(待人)	기다리면 늦게라도 스스로 돌아온다.
계약(契約)	서로 주저하는 우유부단함 때문에 뜻대로 안 되는 경향이 있지만, 끈기와 여유로 기다리면 계약 성사가 다소 늦어지더라도 반드시 이루어진다.
가출한 사람	인내를 가지고 여유 있게 기다리면 꼭 돌아온다.

국립중앙도서관 출판예정도서목록(CIP)

(미래 인류를 위한 濟世活人의) 천부경과 나의 미래 엿보기
/ 역해자: 道廣. — 서울 : 해조음, 2018
p. ;   cm

도광의 본명은 "박종준"임
한자를 한글로 번역
ISBN 978-89-91107-17-5 03140 : ₩12000

역학(주역)[易學]
천부경[天符經]

141-KDC6
181,11-DDC23   CIP2018041248

천부경과 나의 미래 엿보기

2018년 12월 17일 인쇄
2018년 12월 27일 발행

역해자 道 廣

발행인 이주현

발행처 도서출판 해조음

등 록 2002. 3. 15. 제 2-3500호
　　　　서울시 중구 필동3가 39-17 리엔리하우스 203호
　　　　전화 (02)2279-2343
　　　　전송 (02)2279-2406
　　　　메일 haejoum@naver.com

값 12,000 원

ISBN 978-89-91107-17-5 03140